Highlights

SCHOTTLAND

DIE 50 ZIELE, DIE SIE GESEHEN HABEN SOLLTEN

Highlights

SCHOTTLAND

Petra Woebke
Peter Sahla

BRUCKMANN

Inhaltsverzeichnis

In ganz Schottland stehen die Ruinen alter Bauernhäuser. Beim Tauziehen messen die Clans im Wettstreit ihre Kräfte. Auch in die wilden Highlands wagen sich Oldtimer. Aus Irland kam nicht nur das Christentum nach Schottland. In Edinburgh locken Läden mit besonderen Angeboten. In vielen Dörfern wurde die Fischerei aufgegeben (v.l.n.r.).

Die Meerenge The Minch trennt das schottische Festland von den Äußeren Hebriden.

THE WITCHERY
BOSWELL'S · COURT
332

Highlights
Edinburgh und die Lothians
Glasgow und die Provinz Argyll
Der Westen
North West Highlands und Hebriden
Ostküste und zentrale Highlands
Orkney- und Shetland-Inseln
ATLANTISCHER OZEAN
ÄUSSERE HEBRIDEN
INNERE HEBRIDEN
Hebridensee
NORDSEE
ORKNEY-INSELN
WESTRAY
ROUSAY
SANDAY
MAINLAND
Orkney Beer Brewery
Kirkwall
Stromness
481 m Ward Hill
HOY
SOUTH RONALDSAY
Tomb of the Eagles
Pentland Firth
SHETLAND-INSELN
UNST
YELL
FETLAR
St.Magnus Bay
MUCKLE ROE
WHALSEY
MAINLAND
FOULA
Lerwick
Jarlshof
47
48
49
50
Butt of Lewis
Arnol
Carloway
Standing Stones
Callanish
Stornoway
LEWIS
Ballalan
26
Clisham 799 m
Tarbert
HARRIS
Rodel
SHIANT ISLAND
The Minch
NORTH UIST
Lochmaddy
27
Creagorry
SOUTH UIST
Lochboisdale
BARRA
Little Minch
TROTTERNIS
Kilt Rock
Uig
719 m The Storr
Dunvegan
Dunvegan Castle
Portree
SKYE
24
Ardvasar
Sound of Sleat
RHUM
EIGG
COLL
Calgary
Tobermoro
TEREE
Scarinish
Staffa
MULL
IONA
Fionnphort
Firth of Lorn
COLONSAY
Scalasaig
JURA
Port Askaig
Bowmore
ISLAY
Portnahaven
Port Ellen
GIGHA
North Channel
Mull of Kintyre
IRLAND
Sango Bay
Smoo Cave
Durness
31
Tongue
Golval
Thurso
Duncansby Head
Sinclair's Bay
32
Girnigoe
Wick
36
Castle of Old Wick
Latheron
Kinbrace
HANDA ISLAND
Laxford
Ardvreck Castle
HIGH-
LANDS
959 m Ben Klibreck
Loch Shin
Lochinver
Loch Asynt
Ledmore
29
Inverpolly Nature Reserve
Achiltibuie
Gruinard Bay
Ullapool
Lairg
Helmsdale
37
Dunrobin Castle
33
Dornoch
Dornoch Firth
Bonar Bridge
Tain
Loch Ewe
Inverewe Garden
30
Poolew
1081 m Ben Dearg
Loch Torridon
Beinn Eighe Nature Reserve
Loch Maree
28
Achnasheen
Garve
34
Moray Firth
Torridon
Applecross
25
Loch Carron
Glen Cannich
BLACK ISLE
35
Inverness
Cawdor Castle
Culloden Battlefield
Elgin
Cullen
41
Buckie
Banff
Troup Head
Crovie
Fraserburgh
45
GRAMPIAN
Peterhead
Fyvie Castle
Boddam Bay
46
Pitmedden Garden
Ellon
Huntly
Speyside
Spey
40
Dufftown
STRATHSPEY
Drumnadrochit
Urquhart Castle
Eilean Donan Castle
Grantow-on-Spey
Carrybridge
Don
Inverurie
Fraser Castle
Aberdeen
Crathes Castle
Fort Augustus
Loch Ness
Aviemore
GLEN MORE FOREST PARK
Craigievar Castle
Ballater
Dee
Banchor
Stonehaven
Dunnottar Castle
23
Glen Shiel
Kingussie
Invergarry
39
Braemar
Balmoral Castle
Grampian Mountains
Mallaig
Morar
22
Spean Bridge
Glenfinnan
Arisaig
Dalwhinnie
43
Glen Clova
42
21
Fort William
1343 m Ben Nevis
38
Blair Castle
Killiecrankie
Pass of Killiecrankie
Pitlochry
TAYSIDE
Glamis Castle
Forfar
Montrose
Lunan Bay
Strontian
Glencoe
Loch Linnhe
20
Lochaline
Loch Leven
18
Rannoch-Moor
Tummel
1083 m
Schiehallion
Blairgowrie
Meigle
Arbroath
Castle Stalker
Glen Etive
1079 m Ben Starav
Ben Lawers 1214 m
13
Loch Tay
Dunkeld
Dundee
Craignure
17
Etive
Glen Orchy
Dorchart Falls
Perth
Crieff
Oban
Loch Awe
19
Crianlarich
Drummond Castle Gardens
CENTRAL
44
St.Andrews
FIFE
Anstruther
Kilmelfort
Inveraray
Trossachs
Callander
Arrochar
974 m Ben Lomond
15
Dunblane
ARGYLL
Kilmartin
Loch Fyne
12
Loch Lomond
Castle Stirling
Stirling
Dunfermline
4
Falkirk Wheel
3
1
Firth of Forth
North Berwick
Tantallon Castle
Dunbar
Dunadd Fort
Ardlussa
KNAPDALE
Dunoon
11
Firth of Clyde
LOW-LANDS
EDINBURGH
Haddington
St. Abb's Head
Eyemouth
Tarbert
Kennacraig
Greenock
Glasgow
10
16
Paisley
Rosslyn Chapel
Lammermuir Hills
Coldstream
9
Rothesay
Wemyss Bay
Hamilton
2
LOTHIAN
Tweed
Lochranza
Ardrossan
Lanark
Peebles
Melrose Abbey
Floors Castle
14
Brodick Castle
Clyde
Melrose
Traquair House
Galashiels
Kelso
KINTYRE
ARRAN
Kilmarnock
5
Jedburgh
Campbeltown
Firth of Clyde
Ayr
DUMFRIES
Devil's Beef Tub
Hawick
Maybole
Culzean Castle
Wanlockhe
Grey Mare's Tail
AND
Moffat
Hermitage Castle
Southern Uplands
Girvan
GALLOWAY
BORDERS
GALLOWAY FOREST
New Galloway
Nith
6
Lockerbie
Dumfries
Ballantrae
8
Dee
Sweetheart Abbey
Gretna Green
ENGLAND
Newton
Cross Michael Church
Caerlaverock Castle
Loch Ryan
Stranraer
Wigtown
Castle Douglas
7
Solway Firth
St. Ninian's Cave
Whithorn
N
0
50 km

Das malerische Glen Coe spielt als »Tal der Tränen« eine besondere Rolle für das schottische Nationalbewusstsein. 1692 war es Schauplatz des »Massacre of Glencoe«, dem der Clan der MacDonalds von Glencoe zum Opfer fiel.

Loch Leven ist mit dem Clan MacDonald eng verbunden und zählt zu den schönsten Seen Schottlands (oben). Das imposante Eilean Donan Castle am Treffpunkt dreier großer Seen (Loch Long, Loch Duich, Loch Alsh) wird seit dem 13. Jahrhundert bewohnt (rechts).

Autonom im Königreich – Schottland

Dramatische Schönheit im Norden

Die meisten Reisenden kommen sicherlich vor allem wegen der spektakulären Landschaft nach Schottland. Beherrscht wird sie von wuchtig-runden Bergmassiven, weiten Tälern, nebeligen Hochmooren und geheimnisvollen schwarzen Seen. Dazwischen beeindrucken steile Küstenstreifen mit stillen Buchten, hübsche Städtchen, einsame Fischerdörfer und abgelegene Bauernhöfe.

Für Schottland muss man sich Zeit nehmen. Über seine eindrucksvollen Berge und malerischen Täler führen nur wenig Schnellstraßen und schon gar keine Autobahnen. Das gilt vor allem für die Highlands, in den Lowlands kommt man etwas schneller voran. Sie machen ungefähr die Hälfte der schottischen Landmasse aus, dennoch lebt hier fast die gesamte Bevölkerung Schottlands. Die Highlands dagegen sind in weiten Teilen menschenleer.

Der Traum von der Unabhängigkeit

Alle Schotten zusammen sorgten jedoch 2014 weltweit für Schlagzeilen, als sie bei einer Volksabstimmung entscheiden mussten, ob die über 300 Jahre alte Gemeinschaft mit der englischen Krone aufgelöst werden sollte. Kurz vor der Abstimmung am 18. September sah es so aus, als ob ein Ende des United Kingdom tatsächlich in greifbare Nähe gerückt war. Doch dann siegte – zumindest in den Augen der meisten Briten – schließlich doch die Vernunft: 55,3 Prozent aller wahlberechtigten Schotten stimmten gegen die Unabhängigkeit und 44,7 dafür. Oder in absoluten Zahlen dargestellt: die *Scottish National Party* (SNP) hätte 1 809 958 Stimmen gebraucht, um den Kampf um die Unabhängigkeit für sich zu entscheiden, sie erhielt aber nur 1 617 989. Die Wahlbeteiligung war mit 84,59 Prozent die höchste, die Großbritannien seit Generationen erlebt hatte. Ganz Schottland war mobilisiert und bleibt es immer noch, selbst wenn der Volksentscheid eindeutig ausging. Der Traum von

der Unabhängigkeit steckt weiter in den schottischen Köpfen und dürfte auch künftige Generationen beschäftigen.
Ein Blick in die Geschichte hilft, die Gründe für diesen Drang nach Unabhängigkeit zu verstehen: Fangen wir damit an, dass die britischen Inseln von den meisten Ausländern als England bezeichnet werden. Das ist natürlich falsch.
Die Inseln bestehen aus verschiedenen Ländern, die teilweise sogar eigene Volksvertretungen besitzen. Schottland besitzt seit 1999 sein eigenes Parlament. Wales ist nicht ganz so autonom wie Schottland, nennt aber auch seit 1998 eine Nationalversammlung sein Eigen. Und zudem gibt es noch Nordirland, das nach der Unabhängigkeit der Republik Irland im Jahr 1922 britisch blieb.
In zwei dieser Teilstaaten gibt es mehrere offiziell anerkannte Sprachen: In Wales ist seit 1998 Walisisch neben Englisch Amtssprache und somit Pflichtfach in den Grundschulen.
In Schottland ist das schottische Gälisch seit 2005 als offizielle Sprache anerkannt, obwohl es nur in wenigen Gegenden gesprochen wird. Eine rein gälisch-sprachige Schule wurde 2006 in Glasgow eröffnet. In Schottland gibt es zusätzlich noch das Lallans oder Scots, die Sprache der Schotten in den Lowlands. Dabei handelt es sich um eine offizielle Regionalsprache, in der zum Beispiel Robert Burns geschrieben hat. In Nordirland wird neben Englisch noch das irische Gälisch gesprochen, auch Irisch genannt wird, sowie das *Ulster Scots.* Walisisch sprechen rund 600 000 Menschen, dies entspricht etwa 20 Prozent der Bevölkerung von Wales. Schottisches Gälisch beherrschen dagegen lediglich 60 000 Personen – gerade einmal ein Prozent der Bevölkerung, Irisch sprechen rund 20 000 Menschen, das sind sieben Prozent der Nordiren.

Schottisches Geschichtsbewusstsein

Im Laufe der Jahrhunderte gab es immer wieder Bestrebungen der Schotten, sich von England zu lösen. Der Drang nach Unabhängigkeit von den *Sasunnach* oder *Sassenach,* den Sachsen, sprich den Engländern, basiert auf einer Historie voll Tragik und Gewalt, voll Blut und Tränen. Sie brachte große schottische Heldinnen und Helden hervor, aber auch unsägliches Leid über das einfache Volk.
Es ist vor allem eine Geschichte, die den Menschen in Schottland auf jeden Fall bewusst ist. Und gerade in dieser Allgegenwart liegt einer der Gründe für den wachsenden schottischen

Die Strathislay Distillery ist die älteste, noch immer in Betrieb befindliche Brennerei Schottlands (oben). Der Garten des Dunrobin Castle ist dem Park von Versailles nachempfunden (unten).

Nationalismus. Die Bestrebung nach Unabhängigkeit ist keine neue Erfindung, sie ist Jahrhunderte alt, zieht sich durch die Geschichte des Landes, ist verbunden und unlösbar verwoben mit seinen Tälern und Bergen. Selbstverständlich suchen viele junge Schotten ihr Glück im wohlhabenden Süden des Vereinigten Königreichs. Sie legen aber immer auch großen Wert darauf, an ihrer Sprache, an ihrem Akzent als Schotten ausgemacht zu werden. Sie reagieren deshalb oft sehr empfindlich, wenn sie von Ausländern gedankenlos als »Engländer« bezeichnet werden. Sie sind *British* (bestenfalls), aber niemals *English*.
Was Schottlandbesucher vorfinden, ist ein in jeder Hinsicht dramatisches Land. Das gilt natürlich vor allem für die Highlands und die westlichen Inseln. Hier beherrschen beeindruckende Täler und Bergzüge die Szenerie, auch wenn dazwischen immer wieder große weitläufige Gebiete liegen. Sie sind so gut wie menschenleer, weil die ursprünglich hier lebenden *crofters* (Lehnbauern) von den Großgrundbesitzern zu Tausenden vertrieben wurden, um das Land gewinnbringend der Schafzucht zu überlassen. Die Schmerzen dieser *clearances* (Säuberungen) sitzen tief in der Psyche der Highlander und Inselbewohner.

Ebenso unvergesslich sind für jeden Schotten aber auch die vielen großen Schlachten, die ihre Vorfahren einst für ein unabhängiges Schottland gekämpft – und oft verloren – haben.

Tradition und Moderne

Schottland ist aber auch ein Land, das große Feste feiert, das sich begeistert beim Sport misst und das gern tanzt und singt. Bei den sommerlichen Highland Games wird dies alles auf einmal geboten: Da werfen kraftstrotzende Kerle in bunten Karo-Röcken schwere Baumstämme und tanzen anschließend in Ballettschuhen leichtfüßig den Schwerttanz *seann truibhas*. Diese Feste locken von überall Besucher an, sind aber trotzdem authentisch und ein wichtiges Element der Volkskultur.
Im krassen Gegensatz dazu stehen die Metropolen Glasgow und Edinburgh mit ihren Festivals, Theatern, Opernaufführungen, Orchestern und Museen, kurz, mit einem kulturellen Angebot, das sich in der ganzen Welt sehen lassen kann. Schottland ist deshalb ganz sicher mehr als nur eine Reise wert. Es lohnt sich, diesen wildromantischen Teil des Vereinigten Königreichs zu erfahren, zu genießen und sich von ihm herausfordern zu lassen.

Die Atholl Highlanders sind Europas einzige Privatarmee. Ihr Oberbefehlshaber ist der Duke of Atholl. Heutzutage haben sie aber nur noch zeremonielle Aufgaben.

Edinburgh und die Lothians

Monumentale Schönheit

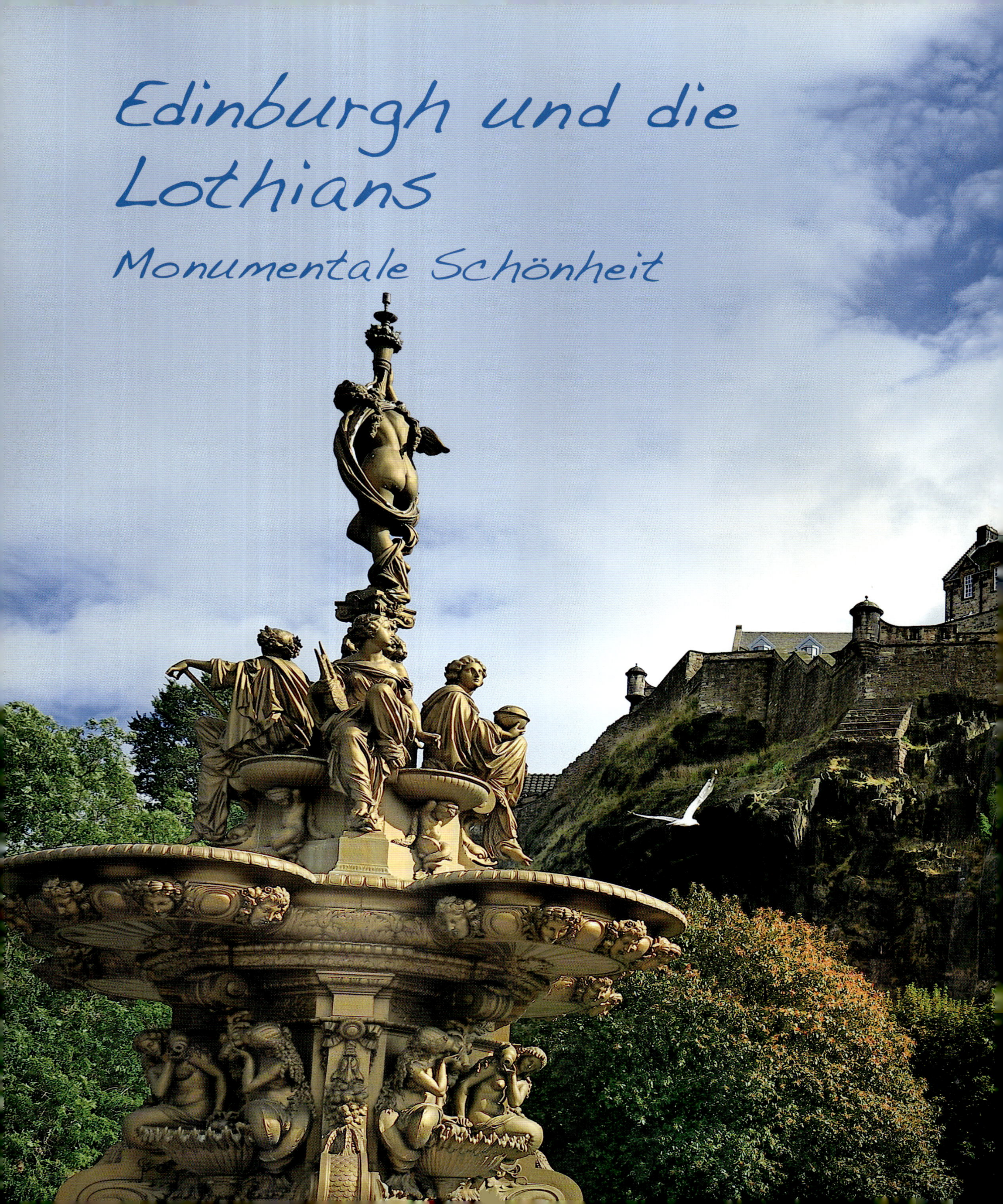

Edinburgh Castle, trutziges Symbol des Widerstands, dominiert seit dem 12. Jahrhundert das Stadtbild (links). Herrenhäuser wie Hopetoun House zeugen auch im Inneren von kultiviertem Reichtum (oben). Das berühmte Deacon's House Café am Lawnmarket ist eher ein *tearoom* denn ein Café (unten).

Ob solo, in einer Kapelle bei den Highland Games oder in einer Rockband – der Dudelsack ist allgegenwärtig (oben). Edinburghs St Giles' Cathedral gilt als »Mutter des schottischen Presbyterianismus« (rechts oben). Das neue Parlament repräsentiert Schottlands Blick in die Zukunft (rechts unten).

1 Das Athen des Nordens – Edinburgh

Geschichtsträchtiges Mekka der Kultur

Edinburgh ist seit 1437 Hauptstadt Schottlands und königliche Residenz. Mitten im Zentrum thront eine großartige Burg scheinbar uneinnehmbar auf einem Felsen. Von dort führt die Royal Mile nach Nordosten zum Palast Holyroodhouse. Die Residenz der Queen in Schottland wurde in ihrer jetzigen Form im 17. Jahrhundert angelegt. Hier heiratete Mary Stuart, *Queen of Scots*, 1565 Lord Darnley.

Rechts vor dem Palast steht Schottlands modernes Parlamentsgebäude. Es ist bezeichnend, dass gerade dieses Gebäude, das sich so selbstbewusst von seiner Umgebung absetzt, von dem katalanischen Architekten Enric Miralles entworfen wurde. Mit den Katalanen teilt Schottland den Wunsch nach Unabhängigkeit. 2004 wurde das Gebäude von Königin Elizabeth eingeweiht. Südlich vom Schloss erhebt sich wuchtig im Holyrood Park der sogenannte Arthur's Seat. Auf diesen 251 Meter hohen Gipfel führt keine Straße. Man muss zu Fuß hinaufsteigen. Von oben hat man einen grandiosen Blick auf die schottische Hauptstadt und die Burg – die Aussicht ist sogar besser als auf dem Calton Hill, dessen Gipfel man bequem mit dem Auto erreicht. Auf Calton Hill steht eines dieser schrägen Bauwerke, die man auf Englisch eine *folly* nennt – eine Torheit. 106 Meter über der Stadt sollte auf dem Hügel das Walhalla für Schottlands Dichter und Denker, Kriegsherren und Staatsmänner, Erfinder und Künstler entstehen. Dort wurde auch 1822 mit dem Bau von Charles Cockerells Parthenon begonnen. Leider ging dem guten Mann das Geld aus. Oder Gott sei Dank, denn heute bewundert man das unvollendete Werk, das gerade durch seinen unfertigen Zustand etwas von seiner geplanten Monumentalität verliert. Aber auf dem Calton Hill gibt es noch mehr Interessantes zu sehen, so zum Beispiel das alte Observatorium, ein Denkmal für den schottischen Philosophen Dugald Stewart, und das 31 Meter hohe Nelson Monument.

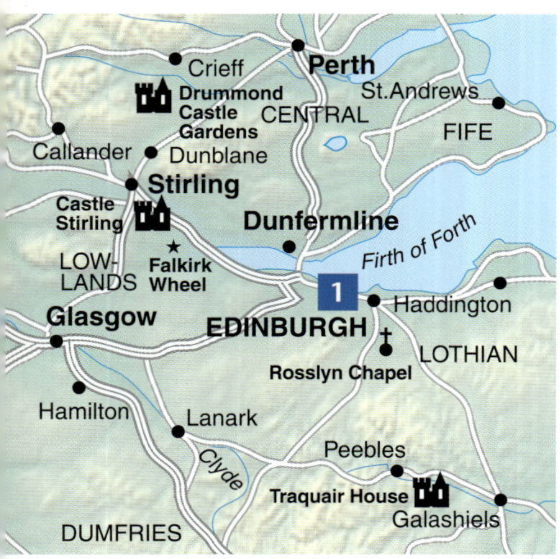

The Scottish Parliament

Prinz Albert legte 1850 den Grundstein der klassizistischen Scottish National Gallery (links). Das Edinburgh Festival bietet nonstop Unterhaltung (rechts oben). Kenner trinken in der Scotsman's Lounge (rechts unten).

Die Gesichter der Stadt

Zugegeben, auch die Aussicht vom Calton Hill auf die Stadt ist beeindruckend, vor allem auf die Princes Street und die Burg. Vielen Besuchern sagt jedoch der Blick vom Arthur's Seat über die mit Schornsteinen geschmückten Dächer mehr zu. Von den zwei Aussichtspunkten kann man die beiden Gesichter der Stadt ausmachen: die Old Town mit der Royal Mile und die vor 200 Jahren angelegte New Town mit ihren großzügigen Boulevards und eleganten Stadtvillen der Aristokratie, mit ihren vornehmen Squares und Einkaufsstraßen. Während die mittelalterliche Altstadt aufgrund Platzmangels hinter den Mauern der Flodden Wall 250 Jahre lang bis zu 14 Stockwerke nach oben wuchs, entstanden die Stadtviertel der New Town auf dem Reißbrett.

Die Flodden Wall wurde aus Angst vor den Engländern gebaut. Am 9. September 1515 erlebten die Schotten eine der entscheidendsten Niederlagen ihrer Geschichte gegen die Engländer auf dem Flodden Field südwestlich der englischen Stadt Berwick. Ihr König fiel und mit ihm der Adel des Landes und Hunderte, wenn nicht sogar Tausende Soldaten. Es war eine grausame Schlacht zwischen den tapferen Soldaten des englischen Königs Henry VIII und denen des Schottenkönigs James IV. Edinburgh geriet in Panik. Man begann sofort mit dem Bau eines Schutzwalls, der Flodden Wall.

Georgianische New Town

Ganz anders verliefen die Dinge bei der Planung der New Town. Als es 1707 zum Act of the Union gekommen war, der Vereinigung des Königreichs England mit dem Königreich Schottland, konnten die Bewohner von Edinburgh aufatmen. Die Stadt sprengte ihre schützenden Mauern und breitete sich aus. 1760 wurde der See Nor' Loch unterhalb der Burg trockengelegt, und ab 1772 überbrückte schließlich die North Bridge die Schlucht, die die Old Town von der New Town trennt. In Edinburgh zog jene georgianische Eleganz ein, die noch heute das Bild der Stadt prägt. Große Architekten und Stadtplaner wie Robert Adams, Thomas Hamilton und James Craig zog es ebenso in die Stadt wie Dichter und Denker, beispielsweise James Boswell, Robert Burns und Sir Walter Scott. In Edinburgh ließen sich aber auch der Philosoph David Hume, der Ökonom Adam Smith und der große Ingenieur Thomas Telford nieder, um nur einige der Geistesgrößen zu nennen.

Kulturelle Metropole

Edinburgh ist ohne Zweifel eine schöne, eine äußerst charmante Stadt mit hervorragenden Restaurants und einem regen Kulturleben. Weltweit bekannt ist die Metropole für das vielleicht bedeutendste Kulturevent der Welt: Das Edinburgh International Festival besteht aus einer Reihe von Festivals, die alle 1947 ins Leben gerufen wurden. Im Lauf der Jahre kamen immer mehr hinzu. Allein das Fringe Festival sorgt mit rund 1000 verschiedenen Veranstaltungen dafür, dass im August und Anfang September keine Langeweile aufkommt. Dort werden oft neue Talente entdeckt und innovative Wege der Kunst eingeschlagen.

Aber irgendwann hat auch der eifrigste Fan das Verlangen nach Stille, die er unter anderem in der Scottish National Gallery findet. Hier lockt Kunst vom 18. Jahrhundert bis in die Gegenwart. Auf einen Künstler muss der Gast im Sommer allerdings verzichten: auf den großen William Turner. Seit über 100 Jahren stellt die Galerie Werke des Malers aus. Sie sind ein Geschenk des Sammlers Henry Vaughan, der seine Schenkung jedoch an bestimmte Bedingungen knüpfte. So sollten die 38 Aquarelle der Öffentlichkeit alle gleichzeitig und zudem kostenlos gezeigt werden. Da die Bilder sehr empfindlich sind, bestimmte Vaughan darüber hinaus, dass sie lediglich im »Monat Januar« gezeigt werden dürfen. Den Werken hat diese pflegliche Behandlung gut getan. Überzeugen davon kann man sich bei der nächsten »Turner in January«-Ausstellung. Ganzjährig gibt es darüber hinaus aber auch den Botanischen Garten, die Scottish Gallery of Modern Art und die Scottish National Portrait Gallery zu besichtigen.

Die Whisky-Olympiade

Ein bisschen lauter geht es in Edinburghs Pubs zu, in denen manchmal *Cèilidhs* stattfinden. Zu diesen Gelegenheiten werden Geschichten erzählt, Lieder gesungen und es wird viel musiziert. Das Wort bedeutet »Besuch«. Im Hochland und auf den Inseln besuchte man einander und verbrachte gesellige Abende, erzählte sich Geschichten und sang. Im großen Stil gefeiert, nennt es sich Royal National Mòd. Dieses größte jährliche Fest der schottisch-gälischen Kultur wird im Volksmund auch »Whisky-Olympiade« genannt. In Edinburgh wurde es das letzte Mal 1986 gefeiert. 2015 steht es in Oban auf dem Programm, 2016 auf den Western Isles, 2017 in Lochaber.

EDINBURGH FESTIVAL

Im August platzt Edinburgh aus allen Nähten. Hotels, Pensionen und B&Bs sind ausgebucht, ebenso sämtliche Theater, Konzertsäle und Bühnen. Jeder Quadratmeter in den Straßen, auf den Plätzen und in den Parks wird für Aufführungen jeglicher Art genutzt. Das Edinburgh Festival ist aber kein homogenes Ganzes, im Gegenteil: Es besteht aus einer ganzen Reihe von Festivals, die parallel stattfinden oder aufeinander folgen. Die Saison beginnt im Mai mit dem Imaginate Festival für Kinder und Jugendliche. Im Juni folgt das International Film Festival. Im Juli sind zehn Tage Jazz und Blues dran, im August das Edinburgh Art Festival sowie das Royal Edinburgh Military Tattoo, das Fringe Festival (das größte Arts Festival der Welt), das International Festival und das International Book Festival. Den Reigen beendet das Edinburgh Mela, Schottlands größtes Fest für World Music and Dance.

WEITERE INFORMATIONEN

Eine Gesamtübersicht finden Sie unter: www.edinburghfestivalcity.com. Diese Webseite wird ganzjährig mit allgemeinen und brandaktuellen Informationen gepflegt.

Die malerisch am Firth of Forth gelegene Ruine des Tantallon Castle blickt auf den mächtigen Bass Rock (oben). Die prunkvolle Eleganz des Hopetoun House kann heute jeder mieten, der es sich leisten kann (rechts).

2 Hart umkämpft – East und West Lothian

Vom heiligen Andreas zur legendären Mary

Wo der Firth of Forth östlich von Edinburgh in die Nordsee mündet, leben im Küstenort North Berwick gut 6000 Menschen. Die Gründung des Hafenstädtchens geht auf das 12. Jahrhundert zurück. Von hier gelangten die Pilger mit einer Fähre nach St Andrews, um dort vor den Reliquien des Apostels Andreas zu beten. Im 19. Jahrhundert stieg North Berwick dank seiner zwei sehr schönen Sandstrände zu einem beliebten Ferienort auf.

Heute kommen die meisten Besucher jedoch nach North Berwick, um mit dem Boot um eine Insel zu fahren, die sie nicht betreten dürfen. Der Bass Rock steht nämlich unter Naturschutz, weil hier putzige Papageitaucher leben, vor allem beherbergt er jedoch eine der größten Basstölpel-Kolonien der Welt. Die Stadt selbst überragt der 187 Meter hohe North Berwick Law. Der eindrucksvolle Bogen auf der Spitze des Vulkankegels besteht aus den Kieferknochen eines Wals, die sich allerdings bei genauerem Hinsehen als Kopien aus Glasfaser entpuppen. Bereits im Jahr 1709 wurde hier oben ein solcher Bogen errichtet, der letzte Bogen aus echten Knochen stand hier ab 1933. An diesem hatte der Zahn der Zeit allerdings so stark genagt, dass er 2005 entfernt und 2008 durch die jetzige Reproduktion ersetzt wurde – die Spende eines anonymen Freundes der Stadt, wie auf einer Tafel zu lesen ist.

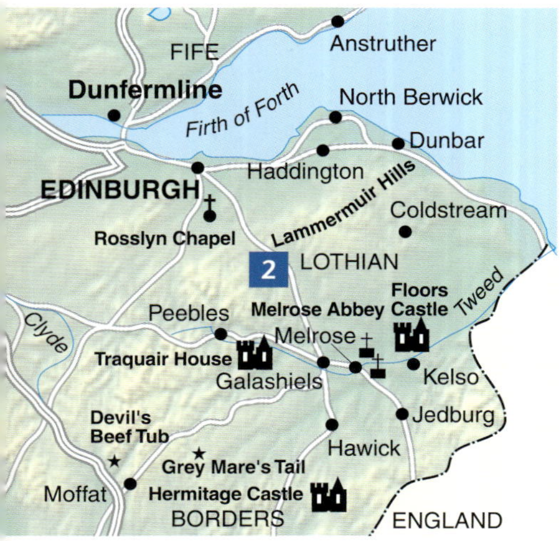

John Balliols Niederlage

Etwas weiter südlich liegt Dunbar. Der Hafen ist winzig, über ihm stehen die Reste von Dunbar Castle. Die Pikten, die Angeln, die Engländer, sie alle wollten die Kontrolle über diese strategisch sehr wichtige Burg erhalten. 1296 schlug das englische Heer unter Edward I die Schotten bei Dunbar. Edward war zornig, weil die Schotten einen Verteidigungs- und Nichtangriffspakt mit den Franzosen gegen die Engländer geschlossen hatten. Und das genau zu dem Zeitpunkt, als Edward I in Frankreich Krieg führte. Nach der Schlacht von Dunbar

Linlithgow Palace ist als Geburtsstätte von Mary Stuart ein bedeutendes Monument (oben). »*My home is my castle*« kann man auch mit Blumen ausdrücken (unten). Am Old Cromwell Harbour in Dunbar steht die Ruine der einst mächtigsten Burg Schottlands (rechts).

ergab sich John Balliol, König der Schotten. Zusammen mit 2000 schottischen Großgrundbesitzern erwies er dem König aus London unterwürfig die Ehre.
Viele bekannte Orte entlang der schottischen Küste sind verhältnismäßig jung und erst im 19. Jahrhundert als Fischereihäfen entstanden. Die meisten haben aber schon lange nichts mehr mit der Fischerei zu tun. Übrig geblieben sind idyllische Häuschen, vielleicht ein Leuchtturm, Naturschutzgebiete und romantische Küstenpfade. St Abb's hat all das zu bieten, zudem den »Woolfish« – ein Wollgeschäft, dessen Besitzerin, Louise, Strickkurse anbietet.Das Dorf wurde 1832 von Fischern gegründet, hieß zunächst Northfield und dann Coldingham Shore. Schließlich einigte man sich auf St Abb's. Die namensgebende heilige Aebbe war eine Tochter aus dem königlichen Haus von Northumbria, die hier vor 1300 Jahren eine religiöse Stätte gegründet hatte.
Ob schon damals die Seevögel mit lautem Krächzen ihre Stunden der Besinnung störten? Von Mai bis Juni verwandelt sich das Fischerdorf in eine »bird city«. Zehntausende von Seevögeln, deren Namen nur eingefleischten Ornithologen bekannt sind, kreischen über den Köpfen der Besucherinnen und Besucher und bestimmen die Lärmkulisse. Im Herbst kann man hier auch sehr seltene Seevögel beobachten, die auf ihrem Weg in wärmere Gefilde Station machen. Das Vogelschutzgebiet befindet sich am St Abb's Head, die mit 91,5 Metern höchsten Klippen an der schottischen Ostküste. Der Leuchtturm wurde 1862 erbaut.

Ein Schloss in Hopetoun

Westlich von Edinburgh verengt sich der Firth of Forth. Hier liegt Hopetoun. Der Name entspricht nicht der schottischen Schreibweise für »Stadt der Hoffnung«, sondern geht auf den Earl of Hopetoun zurück. Dies ist der alte Adelstitel des Oberhauptes der Familie Hope, der sich zusätzlich seit 1902 auch Marquess of Linlithgow nennt. Hopetoun House ist die offizielle Residenz derer von Linlithgow. Das Haus wurde 1699–1701 von Sir William Bruce errichtet sowie zwischen 1721 und 1748 von dem berühmten William Adams und dessen Söhnen Adam und Robert zu einem Schloss ausgebaut, vergrößert und verschönert.
Die jetzigen Bewohner sind dem Beispiel des britischen Adels gefolgt und lassen das normale Volk während der Sommermonate Schloss und Garten bestaunen und genießen.

Besucher können durch die herrlichen Gartenanlagen spazieren gehen und sich im Tea Room im ehemaligen Marstall verwöhnen lassen, oder Räume und Service für Empfänge und Hochzeiten mit allem schottischen Drum und Dran mieten.

Geschichtsträchtiges Linlithgow

Wie anders stellt sich doch die nicht unweit gelegene Schlossruine von Linlithgow dar. Schon der Klang des Namens inspiriert, und Erinnerungen an die Schulzeit tauchen auf, als man das Gedicht »Archibald Douglas« von Theodor Fontane auswendig lernen musste: *»Ich hab es getragen sieben Jahr …«* und dann irgendwann die Strophe:

»Zu Ross, wir reiten nach Linlithgow,
Und du reitest an meiner Seit',
Da wollen wir fischen und jagen froh
Als wie in alter Zeit.«

Für Schotten hat der Palace of Linlithgow eine tiefe Bedeutung. Noch heute stehen sie ehrfurchtsvoll vor den eindrucksvollen, hohen Mauern, die übrig geblieben sind von der Geburtsstätte der tragischen Mary, *Queen of Scots*. 1542 wurde sie hier geboren. Unruhige Zeiten waren dies damals, sodass sie schon bald nach Frankreich in Sicherheit gebracht werden musste. 1561 kehrte Mary zurück. Im vollen Bewusstsein, Königin der Schotten zu sein, ging sie in Edinburghs Hafen Leith an Land. Aber Schottland war in der Zwischenzeit nicht ruhiger geworden – ganz im Gegenteil. Es war gespalten zwischen Katholiken, die alle Hoffnung in die junge Königin setzten, und engstirnigen Protestanten. Wir kennen Marys Geschichte. Auf Geheiß ihrer Tante, Elizabeth I, Königin von England, wurde sie auf dem Schafott im Schlosshof von Fotheringhay Castle in der englischen Grafschaft Northamptonshire hingerichtet. Der Geist von Marys Mutter soll übrigens noch hin und wieder in der Palastruine von Linlithgow erscheinen.

Lange Zeit war das Schloss die wichtigste Residenz schottischer Königinnen und Könige. Erst nach der Union of the Crowns im Jahr 1603 wurde London der bevorzugte Stammsitz. Der Palast verfiel im Verlauf der Jahrzehnte, bis die verbliebenen Gebäude von den Soldaten des Duke of Cumberland 1746 abgefackelt wurden. Nachdem der jüngste Sohn des Hannoveraners Georg II. auf dem Schlachtfeld von Culloden den letzten Aufstand der Schotten niedergeschlagen hatte, nannten ihn seine Gegner fortan nur noch den »Schlächter« Cumberland.

BASS ROCK UND DAS SCOTTISH SEABIRD CENTRE

In North Berwick führen braune Wegweiser zum Parkplatz des Scottish Seabird Centre im Hafen. Von hier aus hat man einen herrlichen Blick über den Firth of Forth bis hin zum Bass Rock. In der Hochsaison halten sich unter anderem bis zu 150 000 Basstölpel auf dem Bass Rock auf. Man kann sich kaum vorstellen, dass dort jahrhundertelang Menschen in einer Burg gelebt haben. Das Seabird Centre bietet zwischen Ostern und Oktober auch Bootsausflüge um den Felsen an. Ein Familienticket (2 Erwachsene und 2 Kinder) kostet 47 £ (2015). Trips mit Landung auf dem Bass Rock (insgesamt circa 5 Stunden) kosten 120 £ pro Person (2015).

WEITERE INFORMATIONEN

Seabird Centre: Tel. +44 (0)1620 890 202, geöffnet Februar, März, September und Oktober Mo–Fr 10–17 Uhr, Sa und So 10–17.30 Uhr; April bis August Mo–So 10–18 Uhr, November bis Januar Mo–Fr 10–16 Uhr, Sa und So 10–17 Uhr.

Schottland bedeutet für die meisten Besucher Natur pur – umso fremder mögen auf Manchen die wenigen Häuser direkt über den wilden Klippen des St Abb's Head wirken.

Moderner Zeitvertreib im Schatten einer altehrwürdigen Konstruktion: Blick über die Queensferry Marina zur Eisenbahnbrücke über den Firth of Forth aus dem 19. Jahrhundert.

3 Stoff für Tragödien – am Firth of Forth

Brücken über den Firth

Die Schotten haben einen klaren Blick in Bezug auf ihre Vergangenheit. Der Blick in die Zukunft klappt nicht immer. Als 1964 die Forth Road Bridge über den Firth of Forth eröffnet wurde, ging man davon aus, dass sie die nächsten 120 Jahre ihren Dienst leisten würde.

Für 30000 Fahrzeuge pro Tag in jede Richtung hatte man die Brücke konzipiert, doch der Verkehr nahm unerwartet schnell zu. Schon bald sprach man von 40000 Fahrzeugen pro Tag. Es dauerte nicht lange, da waren es bereits 60000 in jede Richtung. Inzwischen steht fest: Die Brücke, über die bis zum Jahr 2084 Autos rollen sollten, muss voraussichtlich schon 2020 geschlossen werden. Aber es wird bereits an der Nachfolgerin gearbeitet. Im September 2001 begann man mit dem Bau der neuen Schrägseilbrücke, der Queensferry Crossing.

Mit Volldampf in die Katastrophe

In der Zwischenzeit aber bewegt sich der Schienenverkehr ruhig weiter über die Forth Bridge, die 1890 ihrer Bestimmung übergeben wurde. Sie ist die Nachfolgerin der Brücke, die am 28. Dezember 1879 einstürzte, während der Schnellzug von Edinburgh nach Dundee über sie fuhr. Schon im folgenden Monat ließ Theodor Fontane in seiner Ballade »Die Brück' am Tay« die Hexen sagen:

»Wann treffen wir drei wieder zusamm'? –
Um die siebente Stund', am Brückendamm. –
Am Mittelpfeiler. – Ich lösch die Flamm'. –
Ich mit – Ich komme vom Norden her. –
Und ich vom Süden. – Und ich vom Meer. –
Hei, das gibt ein Ringelreih'n, – und die Brücke muss in den Grund hinein. – Und der Zug, der in die Brücke tritt – um die siebente Stund'? –
Ei, der muss mit. – Muss mit. – Tand, Tand –
Ist das Gebild' von Menschenhand.«

Fontane griff der anschließenden Untersuchung vor, derzufolge Konstruktionsfehler, Ignoranz, Schlamperei und mangelhafte Wartung zum Einsturz der Brücke geführt hatten.

4 Technisch meisterhaft – das Falkirk Wheel

Das modernste Schiffshebewerk der britischen Inseln verbindet den Union Canal und den Forth of Clyde Canal für die langsam tuckernden Ausflugsboote.

Auf der Millennium-Verbindung

Wer sich in die Geschichte Schottlands vertieft, vergisst leicht, dass hier nicht alles aus Dudelsack und Kilt, zotteligen Rindern und Schafen und eindrucksvollen Burgruinen besteht. Schottland hat auch große Wissenschaftler und Ingenieure hervorgebracht.

Zu diesen Geistesgrößen des Landes gehören auch phänomenale Brücken- und Kanalbauer. Es ist deshalb nicht weiter verwunderlich, dass eines der modernsten und ohne Zweifel eindrucksvollsten Schiffshebewerke der Welt in Schottland zu finden ist. Nun sind Schiffshebewerke zwar für die wenigsten von Nutzen, dennoch empfinden wir sie in der Regel als zutiefst beeindruckend. Dies gilt für die Bauten am belgischen Canal du Centre und am Oder-Havel-Kanal in Niederfinow ebenso wie für den englischen Anderton Boat Lift. All diese Hebewerke sind noch in Betrieb, haben jedoch schon ein beträchtliches Alter auf dem Buckel und stehen unter Denkmalschutz.

Technische Avantgarde für Touristen

Das Falkirk Wheel, das die Flüsse Clyde und Forth verbindet, ist vergleichsweise neu. Seine Konstruktion ist einmalig auf der Welt. Es ist Teil der Millennium-Verbindung, die in West-Ost-Richtung durch Schottland führt. 2002 wurde dieses futuristische Werk von Elizabeth II anlässlich ihres goldenen Thronjubiläums eröffnet. Früher mussten die Boote und Schiffe bei Falkirk elf Treppenschleusen hinauf oder hinunter. Irgendwie sympathisch ist die Tatsache, dass dieses technische Wunderwerk, das immerhin 17 Millionen Pfund gekostet hat, hauptsächlich dazu dient, die pittoresken Narrow Boats in die Höhe zu hieven oder abzusenken. Dies bedeutet, dass das gesamte Geld für den Tourismus ausgegeben wurde. Auch wenn die meisten Narrow Boats selbstverständlich neueren Datums sind, so sind sie dennoch alle Nachbauten jener schmalen Boote, mit denen seit Mitte des 18. Jahrhunderts Kohle und andere Güter transportiert wurden.

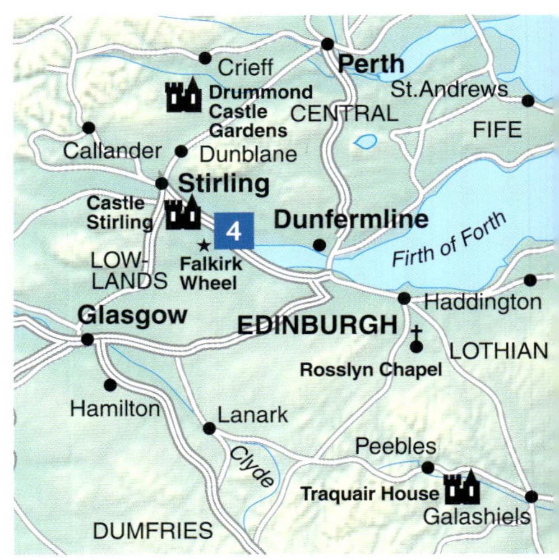

Der malerische River Tweed fließt durch die wunderschöne Landschaft der Borders (links) vorbei an malerischen Städtchen und eindrucksvollen Ruinen ehemaliger Kathedralen und Abteien wie Dryburgh Abbey (rechts unten).

5 Im Land der Abteien – am River Tweed

Lachsfischen im Grenzgebiet

Als nüchternes Volk nennen die Briten das Grenzgebiet zwischen Schottland und England schlicht »The Borders«. Dieser Landstrich bildete jahrhundertelang eine Art Demarkationslinie zwischen zwei verfeindeten Ländern, die schließlich im Jahr 1707 vereinigt wurden. Geblieben sind die Ruinen einst prächtiger Kathedralen als steinerne Zeugen von brutalen Religionskriegen, die in der Region tobten.

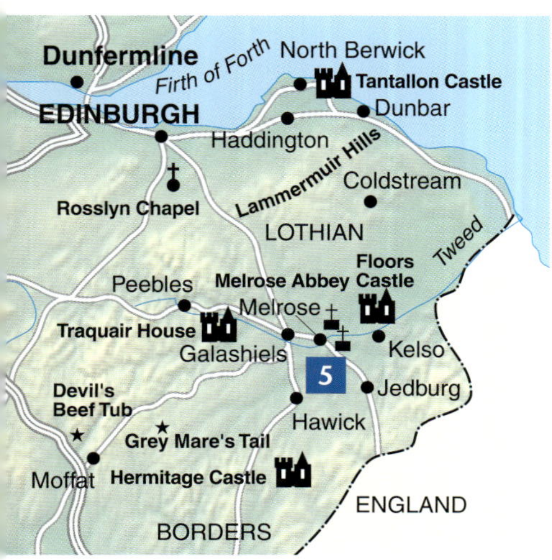

Der River Tweed ist ideal für Sportangler, die auf Lachsfang gehen möchten. Die Lizenz dafür ist überall vor Ort erhältlich. Aber der Tweed ist auch seit Jahrhunderten über eine Strecke von 27 Kilometern die Grenze zwischen Schottland und England. Deshalb heißt dieses Gebiet auch The Borders, das »Grenzland«. Die wechselvolle Geschichte des Grenzlandes hat dafür gesorgt, dass man hier neben Peebles, Galashiels, Melrose und Kelso noch viele weitere hübsche, alte Städtchen findet und zahlreiche Ruinen von weltlichen und religiösen Auseinandersetzungen zeugen. Kelso ist ein pittoresker Ort mit einem herrlichen großen City Square. Dort steht die wohl schönste der vielen Ruinen in der Region. Kelsos Kathedrale wurde 1128 als ein herrliches Beispiel normannischer Baukunst errichtet und gehörte einst zu den wohlhabendsten und bedeutendsten Abteien des Landes. Im Jahr 1460 wurde hier James III zum König Schottlands gekrönt. Einen Monat zuvor hatte er seinen neunten Geburtstag gefeiert. Die Abbey wurde zwischen 1544 und 1547 im Zuge der Auseinandersetzungen über Maria Stuart zerstört, denen auch Melrose, Dryburgh und Jedburgh zum Opfer fielen. Kelso wurde 1587 als Kathedrale aufgegeben. Wie überall in der Welt diente die Ruine danach als Steinbruch für die örtliche Bevölkerung.

Roberts Herz im Bleimantel

Aber schon über 100 Jahre früher hatte König Edward II im Jahr 1322 das Kloster von Mel-

rose dem Erdboden gleichmachen lassen. 1326 wurde es von Robert I, der als Robert the Bruce in die Geschichte einging, wieder aufgebaut. 1385 wurde es von Richard II erneut zerstört, als dieser David II von Schottland zum Rückzug nach Edinburgh zwang.
Auch diese Abbey wurde jedoch erneut wieder aufgebaut, dann aber 1545 auf Geheiß von Henry VIII endgültig vernichtet. Die bis heute erhaltenen Mauern und Bögen zeugen von einem großartigen Gebäude. 1996 wurde bei Ausgrabungen im ehemaligen Kapitelhaus ein Gefäß aus Blei gefunden, in dem sich dem Vernehmen nach ein Herz befand. Eine Aufschrift erklärte, dass dieses Gefäß bereits 1921 bei Ausgrabungen gefunden und wieder begraben worden war. Es soll sich um das Herz von Robert the Bruce handeln, der selbst in der Abtei von Dunfirmline begraben ist.
David I von Schottland hatte im 12. Jahrhundert den Auftrag zum Bau der Augustiner-Abtei in Jedburgh erteilt. Auch dieses Kloster wurde Opfer der ständigen Kriege zwischen England und Schottland. Als der Freiheitskämpfer William Wallace 1297 das Heer des Earl of Surrey bei Stirling vernichtend schlug, ließen die Engländer ihre Wut unter anderem an der Jedburgh Abbey aus. Es ist eine imposante Ruine und ein grandioses Zeugnis exzellenter normannischer und frühenglischer Architektur. Das beeindruckte allerdings den Earl of Warwick so gut wie gar nicht, der die Kathedrale 1464 zerstören ließ. Achtmal wurde die Kathedrale dem Erdboden gleichgemacht und danach wieder aufgebaut. Ihr endgültiges Ende aber kam 1560 mit der schottischen Reformation, als dem Katholizismus im Land der Kampf erklärt wurde.

Walter Scotts letzte Ruhestätte

Von Dryburgh, der letzten der vier großen Abbeys der Borders-Region, ist nur sehr wenig erhalten geblieben. Ihre Gründung geht auf das Jahr 1150 zurück. Das erste Mal wurde sie 1322 von englischen Truppen zerstört, danach wieder aufgebaut, 1385 auf Geheiß von Richard II erneut niedergebrannt, wieder aufgebaut und 1544 noch einmal zerstört. Auch für diese Abtei bedeutete die Reformation das endgültige Aus. Das Gelände wurde mehrfach verkauft, unter anderem an den Earl of Buchan. Sir Walter Scott liegt hier begraben.

HARMONY GARDEN

Das Vereinigte Königreich ist für seine Gärten und Parks weltbekannt. Besonders schön finden Besucher Anlagen, die ihnen das Gefühl vermitteln, dass sie die gleiche Pracht auch zu Hause erreichen könnten. Nur allzu oft stellt sich aber leider heraus, dass auch das scheinbar Zufällige im Garten- und Landschaftsbau sehr genau geplant ist. Der Harmony Garden bietet aber gleich zwei Genüsse der besonderen Art. Zum einen wird dort im Juni das Borders Book Festival abgehalten, zum anderen kann man aber auch das eindrucksvolle 1807 gebaute Town House oder das zwei Zimmer kleine Harmony Cottage als Feriendomizil mieten. Das Town House gilt als eines der feinsten Häuser Schottlands im Georgian Style. Der mit einer Mauer umgebene Garten wirkt fast wie ein Privatgrundstück. Auch das Cottage hat einen eigenen kleinen Garten. Im öffentlich zugänglichen Teil der Anlagen kann man das Regency Town House mieten. Die Häuser und Gärten gehören dem National Trust for Scotland.

WEITERE INFORMATIONEN

Harmony Garden: St Mary's Road, Melrose, TD6 9LJ, Tel. +44 (0)1314 580 303, www.nts.org.uk/Property/Harmony-Garden

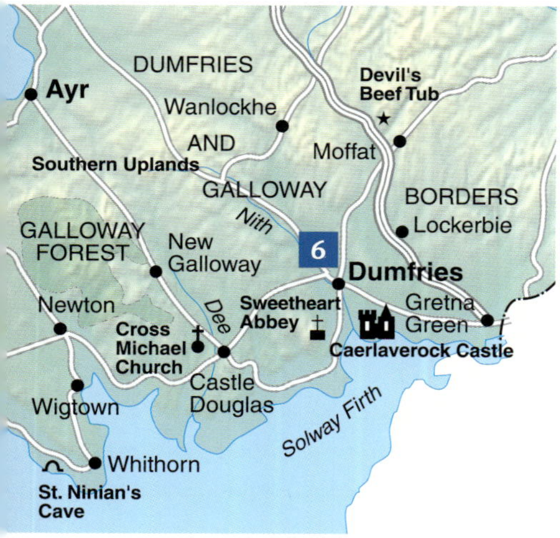

6 Poesie und Freiheitskampf – Dumfries

Auf den Spuren von Robert Burns und Robert the Bruce

Kein britischer Dichter ist so populär in seinem Heimatland wie Robert Burns. Der von seinen Landsleuten liebevoll Robbie Burns genannte Poet hat mit »Auld Lang Syne« den berührenden Text für ein Lied verfasst, das in allen englischsprachigen Ländern der Welt traditionell beim Abschiednehmen gesungen wird – und zwar keinesfalls ausschließlich an Silvester.

Die Devorgilla Bridge führt in Dumfries über den Nith (unten). Alle Leuchttürme werden von Edinburgh aus gesteuert – auch der Leuchtturm am Southerness Point (rechts oben). Vor der St Michael's Church in Dumfries steht ein Denkmal für den Nationaldichter Robert Burns (rechts unten).

Robert Burns ist Schottlands Nationalbarde, der Dichter der schottischen Seele, der Poet der einfachen Leute. Welch bedeutende Rolle er für die Schotten spielt, zeigt die spontane Reaktion eines Fans. Nach einer Lesung von Burns-Gedichten sprang dieser auf und rief triumphierend in den Saal: *»Whaur's your Wullie Shakespeare noo?«* – »Wie will euer Shakespeare da mithalten?«
Die anhaltende Popularität von Robert Burns ist ohne Zweifel seinen sentimentalen schottischen Gedichten und Liedern zuzuschreiben. Eines seiner bekanntesten ist das Abschiedslied eines Highlanders, der seine Heimat verlassen musste.
»Mein Herz ist in den Highlands, mein Herz ist nicht hier.
Mein Norden, mein Hochland. Lebt wohl, ich muss ziehen!
Du Wiege von allem, was stark und was kühn!
Doch wo ich auch wandre und wo ich auch bin,
Nach den Hügeln des Hochlands steht allzeit mein Sinn!«

Ein schottischer Smash-Hit

Weltbekannt aber ist natürlich auch das Abschiedslied »Auld Lang Syne«. Es wird vor allem an Silvester beim traditionellen schottischen Hogmanay gesungen, wenn man sich vom alten Jahr verabschiedet. Es erklingt aber auch immer dann, wenn Freunde sich trennen. Robert Burns schrieb im Dialekt der Lowland-Schotten, dem Scots. Das bedeutet, dass er von jedem einfachen Schotten verstanden,

von den Engländern aber nicht wirklich vereinnahmt werden kann. Burns, der aus einfachen Verhältnissen kam, schrieb für einfache Leute und verfasste einige der schönsten Liebeslieder der schottischen Sprache:

»Mein Lieb' ist eine rote Ros',
Die frisch am Stocke blüht,
Eine rote, rote Ros'! mein Lieb'
Ist wie ein süßes Lied!«

Aber Burns war auch ein politischer Dichter. Er bekannte sich unverhohlen zu seiner schottischen Identität und schrieb zum Beispiel Lieder, in denen er Bonnie Prince Charlie, den Thronanwärter der Stuarts, verherrlichte. Burns starb 1796 in Dumfries.

Robert, der unerbittliche Freiheitskämpfer

Einer der größten Freiheitskämpfer Schottlands, der spätere König Robert I, war nur kurz mit Dumfries verbunden. Als Earl of Carrick zählte er zu den größten Großgrundbesitzern Schottlands. Bereits 1297 kämpfte er an der Seite des legendären Wallace gegen die Engländer. Allerdings ergab er sich noch im selben Jahr und schwor König Edward die Treue. Heute interpretiert man dies als eine Finte, um Zeit zu gewinnen.

Ab 1299 regierte Robert das Land gemeinsam mit drei anderen Regenten. Aber nach der grauenhaften Hinrichtung von Wallace im Jahr 1305 wurde ihm klar, dass sich Schottland vom englischen Joch befreien musste. In Dumfries wollte Robert einen seiner Mit-Regenten, John Comyn, für seine Sache gewinnen. Es kam zu einer Auseinandersetzung in der Franziskanerkirche, in deren Verlauf Robert Comyn erstach. Da er aber nicht genau wusste, ob Comyn wirklich tot war, schickte er seinen Vertrauten, Roger de Kirkpatrick, zurück in die Kirche. Der erstach Comyn mit den berühmten Worten: *»I mak sicar! I mak sicar!«* – »Ich stelle sicher« wurde in der Folge der Wappenspruch der Kirkpatricks.

Am 25. März 1306 wurde Robert the Bruce in Scone als Robert I zum König gekrönt. Am 17. März 1328 kam es zur Unterzeichnung des Vertrags von Edinburgh. London akzeptierte Schottlands Unabhängigkeit. Doch damit war das Ende der Geschichte nicht erreicht, wie sich danach erwies. Aber am 24. Juni 1964 schließlich enthüllte die britische Königin Elizabeth II auf dem Schlachtfeld von Bannockburn ein Standbild. Es zeigt Robert the Bruce, stolz und Ehrfurcht gebietend hoch zu Ross.

SOUTHERNESS POINT

Das kleine Dorf Southerness ist dem Southerness Point am Solway Firth vorgelagert und präsentiert eine bemerkenswerte Mischung aus Alt und Neu. Hier führen alte kleine Fischerhäuser und neue Wohnwagen-Ferienanlagen ein friedliches Nebeneinander. Einen ähnlich gemischten Eindruck bietet die Aussicht über den Firth. Bei schönem Wetter reicht der Blick bis zum wunderschönen Lake District in England. Zu sehen ist aber auch ein Windpark im Firth. Der Leuchtturm von Southerness wurde 1749 als zweiter Leuchtturm Schottlands gebaut. Nicht so elegant wie die meisten anderen Leuchttürme Schottlands, besticht er durch seine kantige Wuchtigkeit: Der 17 Meter hohe, fast quadratische Turm ist zwar seit 1939 nicht mehr in Betrieb, stellt aber nach wie vor ein eindrucksvolles Monument dar.

WEITERE INFORMATIONEN

Dumfries Museum: Rotchell Road, Dumfries, DG2 7SW, Tel. +44 (0)1387 253 374, www.dumfriesmuseum.demon.co.uk

Steinkreise sind beeindruckende Zeugnisse früherer Kulturen und Religionen. Der Torehouse Stone Circle ist der südlichste Schottlands (oben). Die pastellfarbenen Fischerhäuser der Isle of Whithorn bilden einen fröhlichen Kontrast zum oft grauen Wetter (rechts).

7 Wälle und Mauern – an der Solway Coast

Vom Southerness Point zur Isle of Whithorn

Der Solway Firth ist einer der größten Meeresarme an der Westküste Schottlands. Blickt man von ihm gen Süden, dann schaut man auf England. Mary, *Queen of Scots*, überquerte diesen Fjord, als sie nach England flüchtete. Auf einer Fahrt entlang der Nordseite des Solway Firth entdeckt man ein neues Gesicht der schottischen Lowlands. Die Küste zählt zu den schönsten im Vereinigten Königreich.

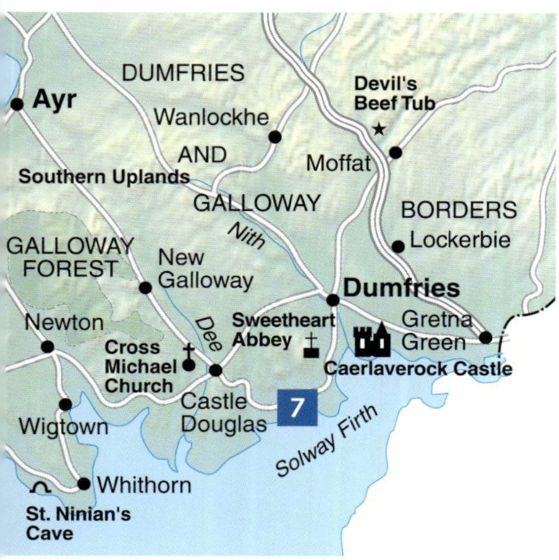

Eine ältere Grenze zwischen Schottland und England verlief weiter südlich als die heutige Trennlinie. Die Römer hatten sie willkürlich mit dem einzigen Ziel festgelegt, die schottischen »Barbaren« von ihrer britannischen Provinz fernzuhalten. Heute ist der Hadrian's Wall ein Pflichtausflugsziel für zigtausende britische Kinder.

Über 110 Kilometer lang, verläuft der antike Schutzwall von Wallsend-on-Tyne an der Nordseeküste in einer Schlangenlinie zum Solway Firth. Nur wenig ist von der Anlage verblieben, die nach ihrem Bauherrn, dem römischen Kaiser Hadrian, benannt ist. Hadrian besuchte auf zwei großen Reisen fast alle Provinzen des damaligen Römischen Reichs und ließ sich dabei zu einer erstaunlichen Bautätigkeit inspirieren. Viele seiner Bauwerke dienten allein der Glorie Roms, der Hadrian's Wall in Britannien wurde allerdings im Jahr 122 n. Chr. als reiner Zweckbau in Auftrag gegeben. Nach dem Abzug der Römer betrachtete man diesen Schutzwall in England lange Zeit als eine Demarkationslinie zwischen der Zivilisation schlechthin und der kaledonischen Barbarei, die für die ungebildeten Wilden des Nordens unüberwindbar war.

Im äußersten Südwesten

Nördlich vom Solway Firth bildet der Verwaltungsbezirk Dumfries and Galloway (Gälisch: *Dùn Phris agus* an *Gall-Ghaidhealaibh*) den südwestlichsten Teil Schottlands. Landschaftlich nicht ganz so malerisch wie die Borders, ist die Region lieblich, ohne den Besucher zu sehr zu

fordern. Hier erstrecken sich weite Flächen von Weide- und Ackerland, getrennt von kilometerlangen Feldmauern aus Trockenstein. Auf einer lohnenden Fahrt entlang der Nordseite des Solway Firth erlebt man ein anderes Gesicht der schottischen Lowlands. Der Tourismus hat die Gegend noch nicht richtig erreicht, obwohl es hier einige schöne kleine Städtchen zu entdecken gibt. Die Bevölkerung lebt hauptsächlich von der Fischerei und der Landwirtschaft.

Malerische Küstenstrecke

Die hiesige Küste zählt zu den schönsten im gesamten Vereinigten Königreich und lässt sich zum größten Teil nur zu Fuß erkunden. Ein möglicher guter Ausgangspunkt ist Southerness, auch wenn das kleine Fischerdorf vielleicht nicht jedermanns Sache ist. Die Ortschaft wartet mit mehreren Golfplätzen und riesigen Wohnmobilanlagen auf. Aber der alte Ortskern mit seinen winzigen Fischerhäuschen ist sehr malerisch. Kaum hat man das Dorf verlassen, umgeben einen nur noch Wiesen und Trockenmauern, die die Weideflächen für Schafe vom Ackerland abgrenzen.
Auf der Strecke zur Isle of Whithorn sieht man, wie sich die Mauern Kilometer um Kilometer bis hoch in die Hügel hinaufziehen. Man kann sich kaum vorstellen, wie lange es gedauert haben muss, diese Mauern Stein um Stein aufzubauen! Wunderschön ist auch eine Fahrt auf der A75 entlang der Wigtown Bay. Hinter den Wiesen neben der Straße liegt das Wasser zum Greifen nah.
Eine besonders hübsche Ortschaft ist Kirkcudbright. Das Städtchen am Fluss Dee zählt kaum 3500 Einwohner, bietet jedoch dennoch großzügige Grünflächen und idyllische Einkaufsstraßen mit netten kleinen Geschäften, Pubs, Restaurants und Hotels.

Beim Apostel im Süden

Die Isle of Whithorn – nicht zu verwechseln mit dem etwas weiter landeinwärts gelegenen Ort Whithorn – gehört zu den südlichsten Punkten Schottlands. Genau genommen ist sie jedoch keine Insel mehr, sondern inzwischen durch einen schmalen Steg mit dem Festland verbunden. Auf der Isle of Whithorn steht die Ruine einer Kapelle des heiligen Ninian. Der frühchristliche Missionar brachte im 4. und 5. Jahrhundert das Christentum zu den Pikten, den ursprünglichen Bewohnern Schottlands. Ninian wird deshalb auch der »Apostel der Südpikten« genannt.

KIRKCUDBRIGHT GALLERY

Die Kunstgalerie spezialisiert sich auf Künstler der Kirkcudbright School of Artists, deren Motive zum Großteil aus Dumfries and Galloway stammen. Diese Region zog Anfang des 20. Jahrhunderts viele Künstler insbesondere wegen ihres schönen Lichts an. Interessant in diesem Zusammenhang ist, dass sich aus genau demselben Grund das am südlichen Zipfel von Cornwall gelegene Fischerdorf St Ives zu einer Künstlerkolonie entwickelte. Ab dem späten 20. Jahrhundert und weiter im neuen Jahrtausend erlebte Kirkcudbright einen neuen Aufschwung und nennt sich deshalb jetzt eine »Artists' Town«. Im September 2014 beschloss der Stadtrat, auch im Rathaus des Ortes eine Kunstgalerie einzurichten. Die Kirkcudbright Gallery hat sich aber in technischer Hinsicht ganz der Moderne verschrieben und bietet ihre Werke online an. Das verringert die Fixkosten und macht die Kunstwerke preiswerter.

WEITERE INFORMATIONEN

Kirkcudbright Gallery:
Tel. +44 (0)7742 051 923, Besichtigungen nur nach Voranmeldung,
www.kirkcudbrightgallery.co.uk

Wie hier am Loch Ken trennen überall in Schottland Trockensteinmauern Weide- und Ackerland.

8 Historische Seenlandschaft – am Loch Ken

Glaubenskonflikte mit großer Wirkung

Crossmichael liegt am lang gestreckten Loch Ken. Der Weg zur Ortschaft ist gesäumt von Schafweiden. Am Horizont zeichnen sich allerdings schon Anhöhen ab, die erahnen lassen, was auf die zukommt, die sich weiter nach Norden wagen.

Crossmichael am Ostufer des Sees ist eines der vielen kleinen Dörfer in Dumfries and Galloway, ein hübscher, kleiner Ort, wenn auch nicht unbedingt eine grandiose Touristenattraktion. Es ist einfach ein funktionierendes größeres Dorf in attraktiver Lage, dessen Main Street viele hübsche weiß getünchte Häuschen säumen. Zu seinen Attraktionen gehören ein netter Pub und eine eindrucksvolle Kirche, die 1751 erbaut wurde. Die Glocke in dem schmalen, runden Turm verweist jedoch auf das Jahr 1611 und eben darauf, dass hier schon früher eine Kirche stand, die dem heiligen Michael geweiht war. Angeblich befand sich in der Nähe auch ein römisches Fort. Weit nach Schottland hinein sind die Römer allerdings nicht gekommen, wenn sich auch in der Umgebung weitere 16 Forts finden. Darüber hinaus gibt es hier wesentlich ältere Erdhügelburgen, Steinkreise und Steinhügel, die auf Gälisch *cairns* genannt werden.
Auf dem Friedhof der Parish Church liegen Covenanter begraben. Sie sind Opfer der sogenannten »Killing Times« der 1680er-Jahre. Damals bekriegten sich die schottischen Covenanter mit den Regierungstruppen von Charles II, weil sie am Presbyterianismus und somit an der Church of Scotland festhalten wollten. Sie kämpften gegen die Wiedereinführung des Katholizismus in Schottland und zugleich gegen die anglikanische Kirche. Nebenbei waren auch die Covenanter für eine Abspaltung von England. Die Auseinandersetzungen bildeten den Auftakt für die Glorious Revolution, die mit der Abschaffung des königlichen Absolutismus in England und der Thronbesteigung des protestantischen Holländers William III von Oranien endete.

Über diese Brücke bei Coldstream wurde der schottische Schicksalsstein 1996 in Begleitung von Soldaten offiziell wieder nach Schottland zurückgebracht.

9 Regimenter und Regenten – Coldstream

Im schottischen Hochzeitsparadies

Für die Engländer, die immer wieder vom Süden kommend auf schottisches Gebiet vordrangen, um das Land für sich zu erobern, beginnt Schottland in den noch heute so genannten Borders, dem Grenzland.

Weit im Osten der Borders markiert der Tweed bei dem Städtchen Coldstream seit 1018 die Grenze zu England. Im Jahr 2018 werden es genau 1000 Jahre sein, eine unvorstellbar lange Zeit! Eine großartige Brücke mit sieben Bögen aus den 1760er-Jahren überspannt hier den Fluss. In dem Zollhaus auf der schottischen Seite wurden früher Eheschließungen mit einem Minimum an Formalitäten vollzogen. Heute erinnert nur noch eine Tafel an diese Zeiten. Dass sich Gretna Green und nicht Coldstream einen Ruf als »Hochzeitsparadies« erwerben konnte, entpuppte sich als Segen für den Ort.

Coldstream war das Garnisonstädtchen, über das der englische König Edward I 1296 nach Schottland eindrang. Ein Ereignis jüngeren Datums ist den Schotten natürlich viel gegenwärtiger: Im Spätherbst 1996 – genau 700 Jahre nachdem Edward I den Ort überfallen hatte, um Schottland zu erobern – kehrte der historische »Schicksalsstein« der Schotten, der Stone of Scone, über Coldstream in seine Heimat zurück. Auf diesem rötlich grauen, 76 Zentimeter langen Sandstein waren einst Schottlands Könige gekrönt worden. Das geschah stets in Scone (sprich: Skuhn) Abbey in der Nähe von Perth, die jahrhundertelang als Krönungsstätte der schottischen Krone diente. 1296 befahl Edward I, dass der Stein gestohlen und als Kriegsbeute nach London in die Westminster Abbey gebracht werden sollte. Dort lag er bis zum 14. November 1996 unter dem englischen Krönungsthron. So lange hatten die Engländer sich geweigert, den Stein zurückzugeben. Jetzt allerdings hat man ihn in der Burg von Edinburgh untergebracht. Der Stein in Scone Abbey ist eine Kopie.

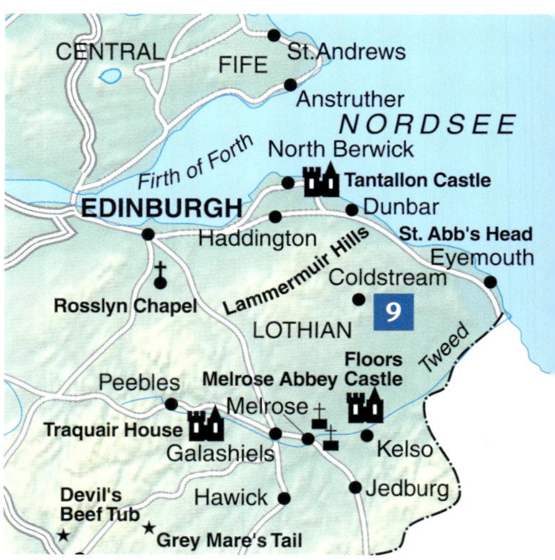

Glasgow und die Provinz Argyll

Berauschendes Schottland

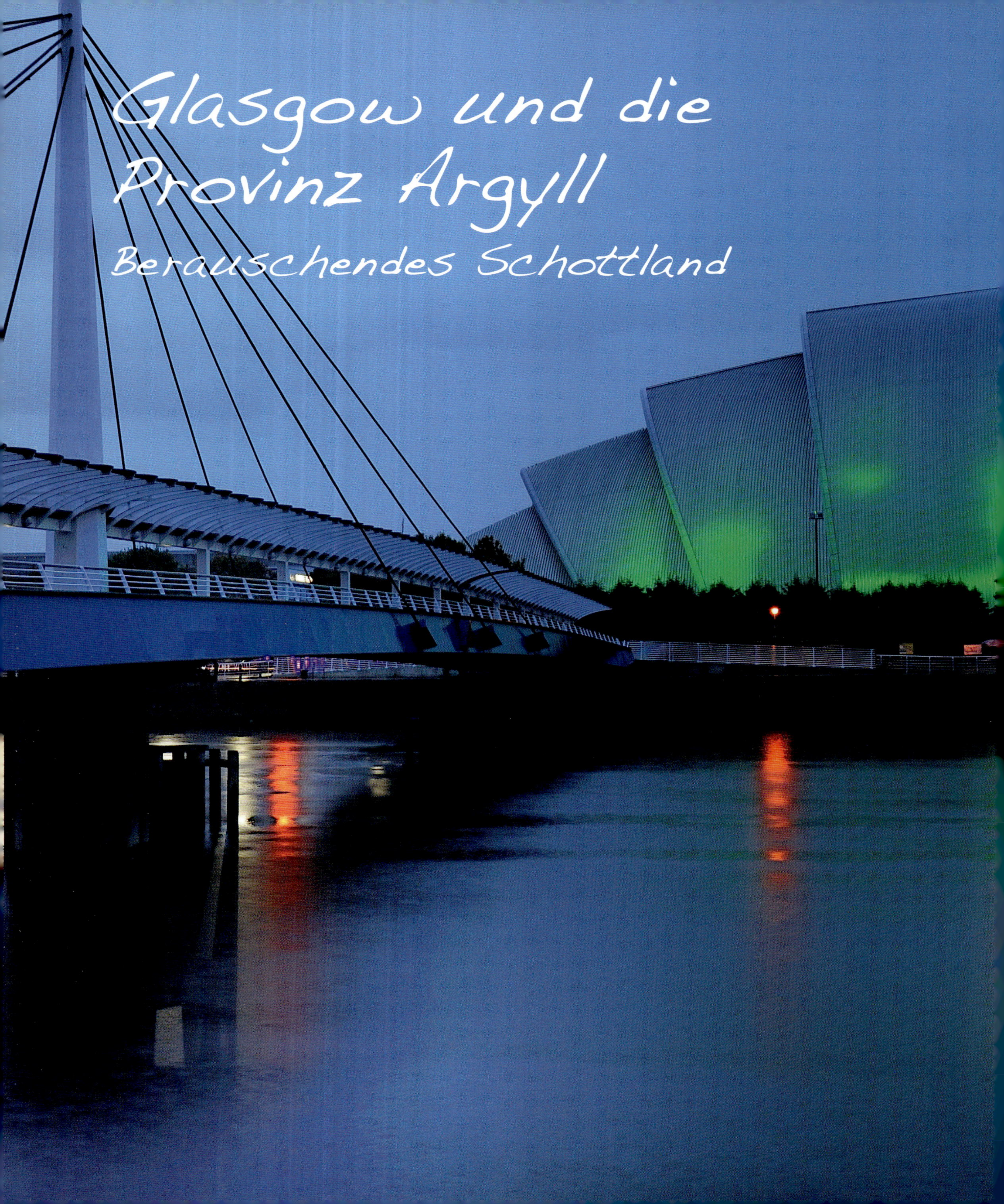

Das Clyde Auditorium wurde als Symbol des neuen Glasgow auf einem aufgefüllten Dock gebaut (links). Seit 1881 wird der Single Malt der Brennerei Bruichladdich (sprich: Bruck-lad-die) auf der Whisky-Insel Islay hergestellt (oben). Frisches Quellwasser ist für die Whiskyherstellung entscheidend (unten).

Das Hafenviertel von Glasgow wurde nach Jahren der Vernachlässigung umfassend saniert. Neue Brücken, Häuser, sowie ein Kongress- und Ausstellungszentrum bringen wieder Leben in das Gebiet (oben). Glasgows St Mungo's Cathedral heißt nach dem Schutzpatron der Stadt (rechts).

10 Europäische Kulturhauptstadt – Glasgow

Eine Metropole mit vielen Gesichtern

Im Jahr 1990 wurde zur Überraschung wohl der meisten Kontinentaleuropäer, aber auch vieler Briten, ausgerechnet Glasgow zur europäischen Kulturhauptstadt ernannt. Besser bekannt war die Stadt am Clyde bis dahin für ihre Armut, für ihre Slums und abgewrackten Werften, für ihre hohen Plattenbauten und die niedrigste Lebenserwartung aller britischen Städte. Doch Glasgow hat weitaus mehr zu bieten.

Zu jener Zeit bahnte sich auch Glasgows große kulturelle Zukunft an: 1990 war die Stadt nämlich bekannt für die Scottish Opera, für das Scottish National Orchestra, für die beeindruckende Sammlung der Glasgow Art Gallery and Museum sowie für die Hunterian Art Gallery der University of Glasgow. Letztere beherbergt eine der wichtigsten Sammlungen des Malers James McNeill Whistler und des Jugendstilkünstlers und -designers Charles Rennie Mackintosh. Und nicht zuletzt kannte die Welt auch damals schon die Burrell Collection, denn das aus gutem Grund mehrfach preisgekrönte Museum trägt bereits seit 1983 zum Image der Stadt bei. Die bunt zusammengewürfelte Sammlung des Reeders Sir William Burrell hatte nach jahrzehntelangem Hin und Her ihr Heim in einem herrlichen modernen Bau gefunden, der nur wenige Kilometer vom Zentrum entfernt mitten in einem idyllischen Park steht. Auf den Rasenflächen zu beiden Seiten der Einfahrt tummeln sich zottelige Highland-Rinder frei nach dem Motto: Außen Idylle pur, innen Kultur!

Die Glasgow School of Art, Schottlands einzige unabhängige Kunsthochschule, war bis 2014 in einem der schönsten von Charles Rennie MacIntosh entworfenen Gebäuden untergebracht, das zwischen 1897 und 1909 gebaut worden war. Am 23. Mai 2014 aber brach ein verheerendes Feuer aus, das wichtige Teile des Treppenhauses und der Ateliers zerstörte. Die Hochschule musste daraufhin bedauerlicherweise umziehen.

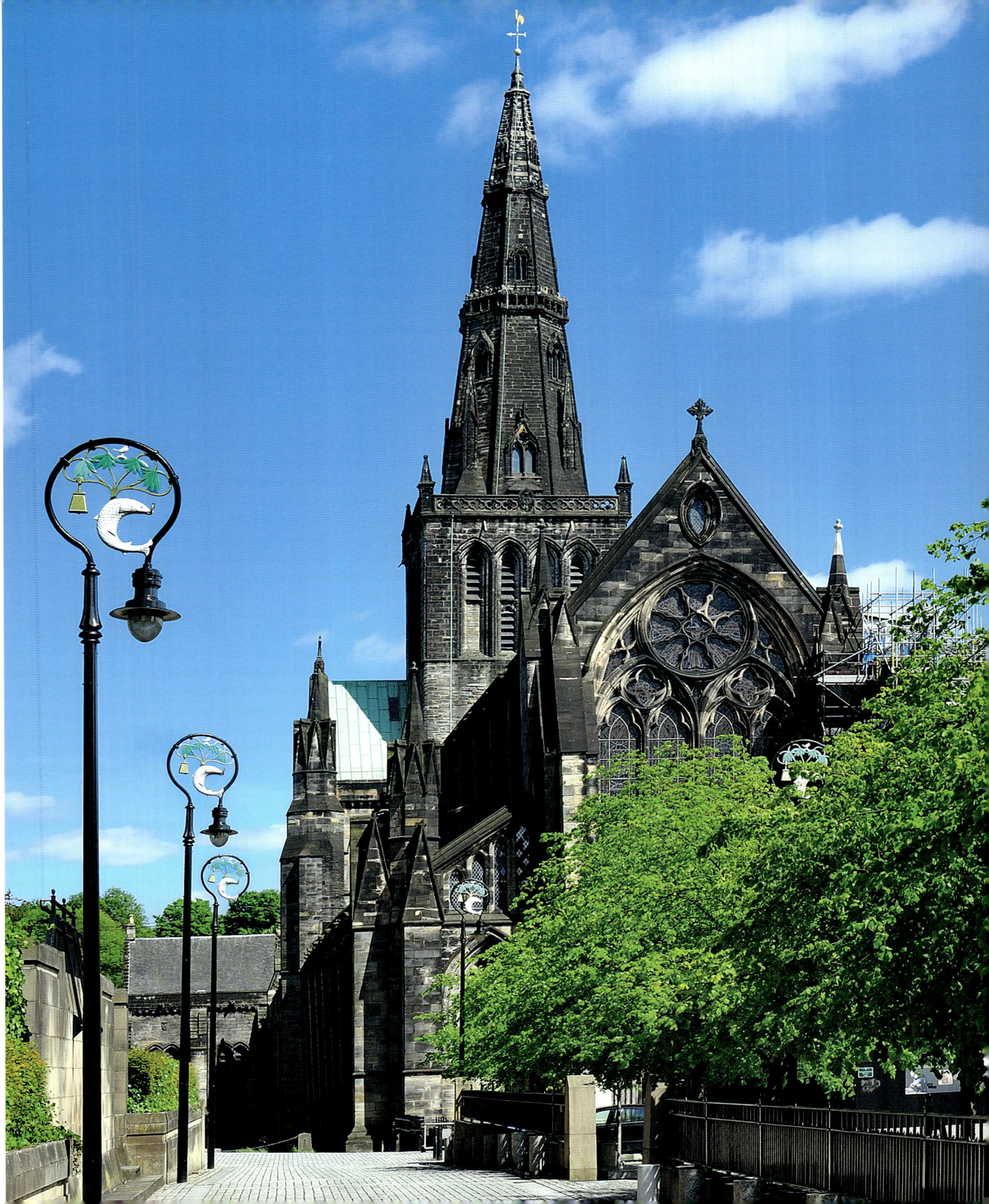

Die Gallery of Modern Art residiert in einer eleganten Stadtvilla (oben). Die bescheidenere Ashton Lane ist ein In-Viertel mit Pubs, Restaurants, Bars und einem Kino (unten). Reiche Bürger ließen sich auf dem Friedhof Necropolis begraben (rechts).

Glasgow (auf Gälisch: Glaschu) ist heute die größte Metropole Schottlands und die drittgrößte des Vereinigten Königreichs. Schon im frühen 18. Jahrhundert bezeichnete Daniel Defoe Glasgow als »die sauberste, schönste und bestgebaute Stadt in Großbritannien – abgesehen von London«. Wer bereit ist, seine Augen zu öffnen und wirklich hinzuschauen, der erkennt noch immer, dass diese Aussage zumindest damals gestimmt haben muss. Große, breite Straßen und prächtige Bauten zeugen noch heute vom einstigen Reichtum der Stadt am Clyde, damals das Zentrum des Schiffbaus des riesigen britischen Empire. Angeblich stammte jedes vierte Schiff, das zu jener Zeit die Weltmeere befuhr, aus einer der zahlreichen Werften, die einst das Bild von Glasgows *Riverside* prägten. Glasgow war zudem der größte Hafen des Vereinigten Königreichs. Hier legten früher Schiffe aus aller Welt an, brachten Rohstoffe und luden Erzeugnisse der schottischen Schwerindustrie. Denn schottische Industrieprodukte besaßen Weltruf.

Jung, modern und unabhängigkeitsliebend

Beim Unabhängigkeitsreferendum im September 2014 war Glasgow eine von zwei schottischen Städten, in denen die Befürworter der Trennung von Großbritannien gewannen. Der Grund: Glasgow ist eine sehr junge Stadt, und vor allem bei jugendlichen Wählern scheint die nationale Identität stark ausgeprägt zu sein. Glasgow ist aber auch eine moderne Stadt mit hervorragenden Restaurants, die sich einen Namen mit regionalen Produkten gemacht haben. In Glasgow findet man auch zahlreiche Bars, in denen man zum Beispiel aus hunderten Whiskysorten wählen kann. Wem das nicht zusagt, besucht eines jener vielen Szene-Cafés, die ihren eigenen Kaffee rösten, oder einen der vielen Pubs, in denen gälische *Ceilidhs* geboten werden, und feiert in einem der Clubs, in denen Top-DJs die aktuellsten Playlists auflegen. Die Buchanan Street ist die längste Haupteinkaufsstraße des Vereinigten Königreichs außerhalb von London. Angesichts der vielen teuren Geschäfte entlang der Shoppingmeile müsste es in Glasgow inzwischen genügend wohlhabende Einwohner geben. In den Armutsvierteln beträgt die statistische Lebenserwartung allerdings immer noch lediglich 53 Jahre.

Glasgow ist neben London und Tyne and Wear die einzige britische Stadt, die mit einem U-Bahnnetz aufwarten kann. Die Untergrundbahn wurde 1896 eingeführt – nur die Metros

in London und Budapest sind älter – und wird seit 1977 umfassend modernisiert. Es besteht aus einer einzigen, insgesamt 10,4 Kilometer langen Ringstrecke.
Die Glaswegians sind gottesfürchtige Menschen. Nur so lässt sich erklären, dass Glasgows Hauptfriedhof auf einem Hügel über der Stadt angelegt wurde. Die Necropolis wurde 1833 eröffnet und war von Anfang an eine Sensation. Rund 50 000 Menschen liegen in dieser Stadt der Toten begraben und etwa 3500 Grabmale locken neidvolle Besucher an. Der prächtige Friedhof verleitete den bekannten glaswegian Komiker und Schauspieler Billy Connolly zu folgendem Kommentar: »Glasgow ist ein bisschen wie Nashville, Tennessee. Es schert sich wenig um die Lebenden, aber kümmert sich richtig gut um seine Toten.«

»Glaubenskriege« auf dem Spielfeld

Die Glaswegians besitzen aber auch ein ausgeprägtes Geschichtsbewusstsein. Als ihre Stadt 1990 zur Kulturhauptstadt ernannt wurde, mahnten an vielen Hausmauern in der ganzen Stadt Schriftzüge: »Remember 1690«. Dies bezog sich auf die Dreihundertjahrfeier zur Schlacht am Boyne, in der der katholische König James II am 11. Juni 1690 von dem protestantischen Monarchen William II besiegt wurde. Dieses Ereignis wird bis heute jedes Jahr im Juni nicht nur in Nordirland, sondern eben auch in Glasgow gefeiert. Damit demonstriert die Stadt, was sie vom Katholizismus hält. Glasgows irische Katholiken halten sich zu diesem Anlass immer bedeckt.
Deutlich tritt die Rivalität der beiden Glaubensrichtungen allerdings auf dem Fußballplatz zutage: Wenn Celtic Glasgow im Ibrox-Stadion gegen die Rangers antritt, geht es oft hart her. Celtic hat traditionell mehr katholische Fans, während die Rangers-Anhänger überwiegend protestantisch sind.
Beide Seiten verbindet jedoch die gemeinsame Abneigung gegenüber den Engländern. Das belegt nicht nur der Ausgang des Unabhängigkeitsreferendums in Glasgow, sondern auch die wachsende Zahl der gälisch-sprechenden Bewohner in der Stadt. 2006 wurde die erste gälisch-sprachige weiterführende Schule eröffnet. Heute spricht ein Prozent der Einwohner Gälisch. Von den insgesamt 26 größten Städten Schottlands weist nur Inverness, die inoffizielle Hauptstadt der Highlands, einen höheren Anteil an Gälisch-Sprechern auf.

GLASGOW GALLERY OF MODERN ART

Kaum zu glauben, dass diese wichtige Galerie für Moderne Kunst in Glasgow erst 1996 eröffnet wurde. Das klassizistische Gebäude, in dem sie untergebracht ist, wurde 1778 als *town house* für einen steinreichen Glasgower Tabakkönig erbaut. Später zogen nacheinander die Royal Bank of Scotland, die Königliche Börse und die Distriktbibliothek ein. Schließlich wurde das Haus das Zuhause der zeitgenössischen Kunstsammlung, die unter anderem Werke von David Hockney und Andy Warhol ihr Eigen nennt.
Nach der Tate Modern in London ist die Glasgow Gallery of Modern Art die am besten besuchte Kunstgalerie des Vereinigten Königreichs. Vor dem Museum steht ein Reiterdenkmal des Duke of Wellington – der merkwürdigerweise ein geringeltes Verkehrshütchen auf dem Kopf trägt. Das Hütchen wurde zunächst immer wieder von der Stadt entfernt, doch stets wurde schon in der folgenden Nacht dem ehrwürdigen Reiter wieder ein neues aufgesetzt. Nach einer Weile gab die Stadt auf. Heute symbolisiert das Hütchen den etwas wenig ausgeprägten Respekt, den die Glaswegians Autoritäten entgegenbringen.

WEITERE INFORMATIONEN

Glasgow Gallery of Modern Art:
Royal Exchange Square, G1 3AH,
Tel. +44 (0)141 287 3050,
www.glasgowlife.org.uk/museums/goma

Immer wieder faszinierend ist der Blick von der teils unwirtlichen Küste des Festlandes auf die Inseln, wie hier über den Sound of Bute zur Insel Arran (oben). Der Bahnhof in Wemyss Bay ist ein Prunkstück viktorianischer Eisenbahnkultur (rechts).

11 Einzug der Moderne – am Firth of Clyde

Stolze Industriedenkmäler

Der Firth of Clyde ist der größte und tiefste Meeresarm der Britischen Inseln. Früher durchquerten die Schiffe, die auf den Werften am Clyde gebaut wurden, dieses Gewässer. Heute tummeln sich hier die Touristenfähren, die zu den vielen Inseln und Halbinseln unterwegs sind: nach Bute, Arran und dem Mull of Kintyre oder zur Wemyss Bay, dem Geburtsort der weltbekannten Cunard Line.

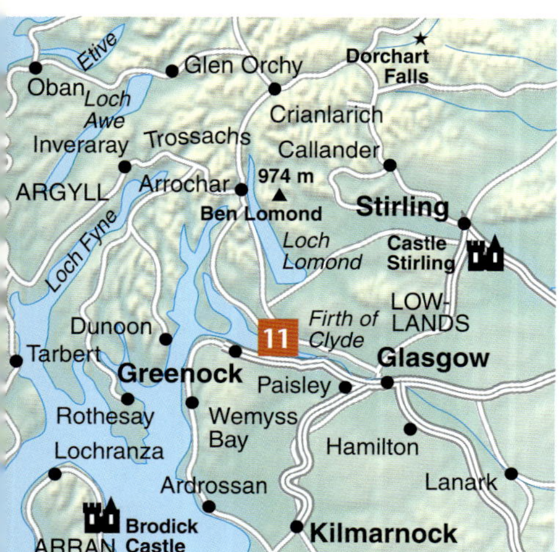

Kann ein einsamer Mann, der im 19. Jahrhundert in einer Hütte lebt, einem Ort seinen Namen verleihen? Sicherlich, wenn er wie einst John Wemyss der weit und breit einzige Bewohner des Gebiets ist. Andererseits könnte der Name der Bucht natürlich auch dem Gälischen entstammen und sich von dem Wort *uaimh* ableiten, das schlicht »Höhle« bedeutet.

Die Herkunft ihres Namens mag ungeklärt sein, sicher ist hingegen, dass in der Bucht von Wemyss am Firth of Clyde der Großgrundbesitzer Robert Wallace einst eine Schiffsanlegestelle einrichtete. Sein Nachfolger baute die Anlegestelle für Dampfschiffe aus, doch wurde diese Pier 1856 von einem Orkan weggerissen. Nachdem die Anlegestelle wieder errichtet und anschließend erneut von einem Sturm zerstört wurde, beschloss man irgendwann, sie durch einen richtigen Bahnhof an Land zu ersetzen. Heute legen an der Pier nur mehr die Fähren an, die zur Insel Bute übersetzen.

Der Anschluss an das Bahnnetz brachte Wohlstand und neue Ideen an die Wemyss Bay. So gründete zum Beispiel der in Wemyss ansässige Sir George Burns zusammen mit Samuel Cunard die Schiffslinie British and North American Royal Steam Packet Company – sie sollte später unter dem etwas einfacheren Namen Cunard Line weltberühmt werden.

Wemyss' kunstvoller Bahnhof

Die großen Villen aus der Blütezeit des Ortes sind inzwischen leider verschwunden. Heute kommen Besucher hauptsächlich hierher, um den wunderschönen Bahnhof zu bestaunen. Er wurde 1903 von James Miller für die Caledonian Railway entworfen und fasziniert vor allem durch die großzügige Verwendung von Gusseisen und Glas. Die Züge stellten eine wichtige Verbindung zwischen Glasgow und Wemyss her. Von hier übernahmen dann Dampfschiffe die Strecken nach Rothesay auf der Insel Bute, nach Largs an der Küste südlich von Wemyss sowie Millport auf der Isle of Cumbrae. Die Kombination von Schiff und Bahn halbierte die Reisezeit, die ein Dampfschiff für die Strecke von Glasgow benötigte.

Erstaunliche Insel Bute

Die Strecke Wemyss Bay nach Rothesay auf Bute stellt noch heute eine wichtige Verbindung dar. Bute ist eine jener erstaunlichen schottischen Inseln, die mit einer ausgesprochen vielseitigen Topografie überraschen. Hier treffen die Highlands und die Lowlands im wörtlichen Sinn zusammen, da die geologische Verwerfung der Highlands genau durch die Mitte der Insel führt.
Rothesay ist die einzige Stadt auf Bute. In ihrem Zentrum steht Rothesay Castle aus dem 13. Jahrhundert, eine der interessantesten schottischen Burgen. Der Rundbau ist eindeutig einem früheren Fort aus Holzpalisaden nachempfunden. Die von einem Graben umgebene Burg sollte die Wikinger abhalten, was aber wohl nicht immer funktionierte, denn sie wurde mehrfach eingenommen. Während der Schottischen Freiheitskriege wechselte die Burg häufig Besatzer und Besitzer, bis sie 1371 zur königlichen Residenz aufstieg.
Südöstlich von Rothesay wurde der neogotische Koloss Mount Stuart House 1878 für den 3. Marquess of Bute errichtet. Bei einer Besichtigung kann man sich davon überzeugen, dass die Ausstattung des imposanten Hauses schon immer ihrer Zeit voraus war. So war Mount Stuart House beispielsweise das erste Privathaus in Schottland, in dem elektrisches Licht leuchtete. Zudem wurde es bereits 1878 an das noch im Aufbau befindliche Telefonnetz angeschlossen. Es besaß darüber hinaus schon sehr früh eine Zentralheizung, wobei die einzelnen Räume mit einem komplizierten Rohrsystem verbunden waren. Und nicht zuletzt konnte das Mount Stuart House stolz das erste beheizte Schwimmbecken in einem Haus vorweisen.

VIKTORIANISCHE TOILETTENHÄUSCHEN AUF DER ISLE OF BUTE

In den 1960er-Jahren gab es noch keinen *Good Loo Guide* für London. Niemand konnte damals ahnen, dass diese Häuschen oder Katakomben (denn oft befanden sie sich unter der Erde) im Lauf der Jahre fast komplett verschwinden und durch automatisierte Betonklötze ersetzt würden, die an Hässlichkeit kaum zu übertreffen sind und sich auch noch selbst reinigen. Manche dieser alten Toiletten wurden allerdings von fantasievollen Menschen gerettet und beispielsweise zu Büros, Bars, Kiosken und dergleichen umfunktioniert. In Rothesay auf der Insel Bute können Sie sich gleich am Fährhafen davon überzeugen, wie viel Liebe und Sorgfalt in viktorianischer Zeit auf den Bau von *public conveniences* verwendet wurden. Lassen Sie sich von dem schlichten Äußeren der Klos nicht täuschen und gehen Sie hinein ... in die Herrentoilette. Bestaunen Sie den Mosaikfußboden, die wuchtigen Marmorwaschbecken, die gewaltigen Urinale, die blank polierten Kupferrohre. Die Damentoilette kann da leider nicht mithalten. Und bitte nicht vergessen: Diese *public conveniences* sind kein Museum, sondern in täglichem Gebrauch.

WEITERE INFORMATIONEN

Wemyss Bay Railway Station:
www.scotrail.co.uk

12 Mit Inbrunst besungen – Loch Lomond

An der Grenze zum rauen Norden

Der nördlich von Glasgow gelegene Loch Lomond ist Schottlands größter See und ein beeindruckendes Tor zu den Highlands. Wie eine Schwertspitze ragt das berühmte Gewässer von den Lowlands in die Highlands hinein und markiert den faszinierenden, abrupten Übergang von der freundlichen Landschaft des Südens in die unwirtlichen Gefilde des Nordens.

Das beliebteste Lied über den beeindruckenden See heißt »The Bonnie Banks o' Loch Lomond«:

»By yon bonnie banks an' by yon bonnie braes
Whaur the sun shines bright on Loch Lomond
Whaur me an' my true love will ne'er meet again
On the bonnie, bonnie banks o' Loch Lomon'.«

Den Refrain kann jeder mitsingen:

»Oh, ye'll tak' the high road, and Ah'll tak' the low road,
And Ah'll be in Scotlan' afore ye;
Fir me an' my true love will ne'er meet again
On the bonnie, bonnie banks o' Loch Lomon'.«

Das Lied des Abschieds und der Toten

Man merkt, dass dies kein fröhliches Lied ist. Ihm fehlt die Leichtigkeit von Auld Lang Syne. Gesungen wird es am Ende eines geselligen Abends, an dem viel gelacht, getrunken und vielleicht auch getanzt wurde. Es ist ein Abschiedslied und muss deshalb eben traurig sein, ganz egal, wie lustig der Abend auch war. Über die Bedeutung des Textes gibt es die verschiedensten Meinungen. Einer Interpretation zufolge ist es das Lied eines Soldaten, der in einer Schlacht umkommt und dessen Seele von Feen über die *low road*, die Straße der Toten, in die Highlands zurückgebracht wird.

Loch Lomond ist flächenmäßig der größte See des Vereinigten Königreichs und Tor zu den Highlands (unten). Der Arklet-Wasserfall bei Inversnaid ist einer von vielen in der Gegend (rechts).

Eine andere Interpretation passt auch gut zur Mentalität der Highlander. Danach handelt der Song von einem Jakobiten, der nach dem Aufstand von 1745 gefangen genommen wird. Die hannoverschen Briten dachten sich häufig ziemlich grausame Spiele für ihre Gefangenen aus. Zum Beispiel suchten sie sich entweder Brüder oder gute Freunde aus und erklärten ihnen, dass einer von ihnen hingerichtet, der andere am Leben gelassen würde. Sie sollten aber selbst entscheiden, wen von beiden welches Schicksal ereilen sollte. Der Überlebende erklärt also dem Freund oder Bruder, dass sie beide nach Schottland zurückkehren werden. Der eine wird auf der *low road* zurückgeführt, auf der Straße, die von den Soldaten des grausamen Duke of Cumberland kontrolliert wird. Der Überlebende aber muss über die Hügel auf der anderen Seite steigen, was natürlich länger dauert. Aber er würde eben in die Highlands zurückkehren. Doch unabhängig davon, welche Erklärung zutreffen mag – in der ganzen Welt wird das Lied mit großer Leidenschaft gesungen. Dem Bundesliga-Fußballverein 1. FC Köln gefiel die Melodie sogar so gut, dass er sie für sein Clublied »Mer stonn zu dir F. C. Kölle« benutzte.

Von der Küste zu den Trossachs

In dieser Region ist die Küste wild und zerklüftet, und die Hügel und Bergkämme, die Lochs, Täler und Buchten verlaufen parallel zum Atlantik sowohl von Norden als auch von Süden nach Westen – ein geologischer Streich der Natur. Dies ist das Gebiet, in dem sich zwischen dem Ende des 2. und dem frühen 3. Jahrhundert die ersten Siedler aus Irland niederließen.

Am sogenannten Highland-Boundary-Graben nordöstlich vom Loch Lomond verändert sich am kleineren Loch Achray die Landschaft auf ähnliche Weise dramatisch. Wer sich dem Dorf Aberfoyle von Süden nähert, reist durch freundliche Acker- und Weidelandschaft. Auf der anderen Seite des Ortes ragen hingegen die steilen, bewaldeten Hänge der Menteith Hills mit dem charaktervollen Gipfel des Ben Venue auf. Dies sind die Trossachs, ein bewaldeter Glen im Bezirk Stirling – ein wunderschönes Gebiet mit zahlreichen Lochs und von kräftigen Farnen gesäumten engen Straßen, die immer wieder den Blick freigeben auf einen See und auf mächtige bewaldete Berge. Von der Schroffheit der Cairngorms ist hier nichts zu erahnen.

BUTTER BRIDGE

Hin und wieder sieht man noch eine der alten steinernen Buckelbrücken, die bis vor wenigen Jahrzehnten kleinere Flüsse überspannen. Sie zeigen an, wo die Straßen früher entlangführten. Oft stehen die Brücken verloren in der Landschaft, manchmal erkennt man aber auch noch die alte Strecke. Eine sehr gut erhaltene Steinbrücke ist die Butter Bridge über das Flüsschen Allt Kinglas. Wer von Süden auf der A83 vom Loch Lomond kommt, fährt erst am Beinn Ime vorbei durch das wunderschöne bewaldete Tal Glen Kinglas. Links liegt etwas tiefer die alte Militärstraße, die man noch gut erkennen kann. Sie verband im 18. Jahrhundert Inverary mit Glasgow. Die nächste Wegmarke ist die *Rest and be thankful* genannte Raststelle. Dort, wo die B828 auf die A83 stößt, hatten die Erbauer der Militärstraße diese Worte in einen Stein gemeißelt. Kurz danach überquert man den Allt Kinglas, ohne es zu merken. Wenn die Straße scharf nach links abbiegt, sieht man auch schon auf der linken Seite einen kleinen Parkplatz. Dort steigt man aus dem Auto aus, um den Blick auf die Butter Bridge zu genießen.

WEITERE INFORMATIONEN

The Maid of Loch Lomond: Der Raddampfer liegt zur Zeit an einer Slipanlage mit einem herrlichen alten Windenhaus von 1902. The Pier/Pier Road, Balloch, G83 8QX, www.maidoftheloch.org

Die grüne Landschaft um den Süßwassersee Loch Tay ist typisch für die Provinz Argyll und lockt jährlich viele Besucher an.

Schottland sollte man auf jeden Fall zu Fuß entdecken – ganz gemütlich geht dies im Gebiet des Ben Lawers. Nur festes Schuhwerk ist angesagt (oben). Überall strömen große und kleine Flüsse mit malerischen Stromschnellen. Besonders schön sind die Dorchart Falls (rechts).

13 Uraltes Siedlungsgebiet – am Loch Tay

Im Land der Bens und Munros

Ein Blick auf die Landkarte zeigt, dass die meisten schottischen Lochs schmal und lang gestreckt sind. Oft gibt es dort keine oder nur eine kleine Straße an einem Ufer. Loch Tay ist deshalb für Besucher besonders attraktiv, weil man ihn bequem mit dem Auto umrunden kann. Auf der Fahrt rund um den 24 Kilometer langen, bis zu 2,5 Kilometer breiten See genießt man ständig wechselnde Ausblicke.

Loch Tay und Ben Lawers – der idyllische See und der mächtige Berg, der sich an dessen Nordufer auftürmt, eignen sich hervorragend dazu, ein paar nützliche und wissenswerte Hintergrundinformationen anzubringen. Denn so vieles in Schottland täuscht ein bisschen oder verrät auf den ersten Blick beileibe nicht alles, was dahinter steckt.

Das Wort Ben stammt von dem gälischen Wort Beinn ab und bedeutet sowohl Berg als auch Hügel oder Gipfel. Da der große Kaledonische Forst aufgrund von Klimaveränderungen in Nordeuropa sowie der Rodungen für Viehzucht und Schiffsbau längst verschwunden ist, sind die meisten schottischen Berge kahl. Deshalb wirken sie so wuchtig, oft sogar majestätisch, aber manchmal auch gefährlich.

Berg oder Hügel?

Der Ben Lawers ist 1214 Meter hoch und damit der zehnthöchste Berg der Britischen Inseln. Er ist zudem der höchste Berg in einem Massiv, zu dem sieben Munros gehören. Ein Munro wiederum ist ein Berg mit einer Mindesthöhe von 3000 Fuß (914,4 Meter). Die Bezeichnung leitet sich von Sir Hugh Munro ab, der 1891 die Berge der so definierten Kategorie in einer Liste zusammenstellte. Insgesamt gibt es in Schottland 282 Munros. Der gälische Name des Ben Lawers, *Beinn Labhair*, bedeutet »Hügel des lauten Flusses«.

Im Jahr 1995 kam ein Film mit dem langen Titel »Der Engländer, der auf einen Hügel stieg und von einem Berg herunterkam« in die Kinos. Er erzählt die Geschichte von einem fikti-

ven Berg in Wales, der von einem englischen Landvermesser bestiegen wurde und sich als niedriger als gedacht erwies. Da die Erhebung keine 914 Meter hoch ist, handelte es sich demnach also nicht um einen Berg, sondern eben doch nur um einen Hügel. Die Dorfbevölkerung war natürlich wütend, dass ein Engländer es wagte, ihren Berg zum Hügel zu erklären. Was tun? Ganz einfach: Man musste nur versuchen, ein paar Tage lang in mühevoller Kleinarbeit Erde auf den Hügel zu schaffen, um schließlich doch die notwendige Höhe zu erzielen. Ähnliches ereignete sich tatsächlich auf dem Ben Lawers. 1878 verbrachten 20 Männer einen ganzen Tag auf seinem Gipfel und bemühten sich, zusätzlich einen großen Steinhügel aufzutürmen, um die Gipfelhöhe auf 4000 Fuß (1219,2 Meter) aufzustocken. Das Vermessungsamt zeigte sich von dem Bemühen jedoch nicht beeindruckt …

Verwaiste Siedlungen am und im Wasser

»Loch« ist das gälische Wort für See, dient aber oft auch als Bezeichnung für einen Meeresarm, einen Fjord, eine Bucht oder Meerenge. Der Loch Tay (auf Gälisch: Loch Tatha) ist ein ruhiger, bis zu 150 Meter tiefer See, der zwischen runden Munros eingebettet in einer überaus malerischen Landschaft liegt. Doch der liebliche Anblick täuscht ein wenig darüber hinweg, dass das 23,42 Kilometer lange und bis zu zwei Kilometer breite Gewässer hinsichtlich seiner Oberfläche der sechstgrößte See Schottlands ist. Gespeist wird der sehenswerte Loch vom Fluss Dochart, der sich am westlichen Ende des Gewässers bei Killin über die Falls of Dochart in den See stürzt.

Die Ufer des Loch Tay sind verwaist, doch führt heute an der Südseite die National Cycle Route 7 vorbei. Sie ist Teil des National Cycle Network und verbindet Sunderland mit Inverness. Früher standen an dem Gewässer zahlreiche Bauernhöfe, deren Bewohner im 19. Jahrhundert als Opfer der Highland Clearances ihre Heimat verlassen mussten. Im Loch Tay wurden zudem Überreste von Crannógs gefunden. Diese künstlichen Inseln wurden während der Eisenzeit im Wasser angelegt und manchmal mit runden Gebäuden bebaut. Archäologen haben errechnet, dass Crannógs von der Jungsteinzeit bis ins Mittelalter gebaut und benutzt wurden. Ein solcher eindrucksvoller Rundbau wurde südlich von Kenmore nachgebaut.

BALLATHIE HOUSE HOTEL

Die meisten Schottlandbesucher, die nicht mit dem eigenen Wohnwagen oder Wohnmobil kommen, verbringen ihre Nächte in einem der zahlreichen Bed & Breakfasts oder Landhotels. Die meisten dieser Unterkünfte sind sehr gut, wenn auch gelegentlich ein bisschen einfach. Es geht aber auch luxuriös, falls die Reisekasse dies hergibt. Das Ballathie House Hotel sieht von Weitem wie ein kleines Schloss aus. Man fährt durch wunderschöne Parklandschaft, obwohl die Felder rechts und links landwirtschaftlich genutzt werden. Eine der Auffahrten ist von Rhododendronsträuchern gesäumt. Und auch innen bietet das Hotel alles, was man von einem sogenannten Country House Hotel erwartet: Luxus pur, dazu ein erstklassiges Restaurant und den Blick auf den River Tay. Vom Ballathie House Hotel aus bieten sich Tagesausflüge nach Scone Palace und Glamis Castle an.

WEITERE INFORMATIONEN

Ballathie House Hotel: Kinclaven, Stanley, Perthshire PH1 4QN, Tel. +44 (0)1250 883 268, www.ballathiehousehotel.com

Die Whisky-Insel Islay ist auch ein Naturparadies, über das der Leuchtturm von Port Charlotte wacht (oben). Von Arran reicht der Blick auf die Holy Isle, die heute Buddhisten gehört (rechts oben). Auf Arran faszinieren prähistorische Kultstätten wie der 4000 Jahre alte Steinkreis von Auchagallon oberhalb der Machrie Bay (oben).

14 Whisky und Meer – Arran, Kintyre und Islay

Vom Firth of Clyde auf die Inneren Hebriden

Arran ist die größte Insel im Firth of Clyde sowie eine der interessantesten und abwechslungsreichsten Inseln an der gesamten Westküste. Hier kann man Schottland en miniature entdecken. Historisch Interessierte zieht es weiter auf die Halbinsel Kintyre, und eingefleischte Whiskyliebhaber finden ihr Mekka auf Islay, das eine eigene Whiskyregion bildet.

Das Klima meint es gut mit Arran – dank des Golfstroms, der ja ohnehin dafür sorgt, dass an Schottlands Westküste viele erstaunliche Botanische Gärten mit Pflanzen aus aller Welt existieren. Die sehenswerte Insel war schon im 6. Jahrhundert das Ziel goidelisch-sprachiger Einwanderer aus Irland. Während der Eroberungszüge der Wikinger gehörte Arran der norwegischen Krone, und im 13. Jahrhundert kam die Insel zum Königreich Schottland. 600 Jahre später wurde die Landbevölkerung auch auf Arran vertrieben, um Platz für die Schafzucht zu schaffen. Es immer wieder dieselbe Geschichte in Schottland, mit den Clearances starben die gälische Sprache und auch das gälische Brauchtum auf der Insel aus.

Schottland im Westentaschenformat

Arran weist eine große topografische Vielseitigkeit auf, die die Insel deutlich von ihrem Umland unterscheidet. Auf Arran kann man gleichsam ganz Schottland auf kleinem Raum erleben: ungewöhnlich hohe Berge, farbenprächtige Rhododendronwälder, saftige Glens und Lowlands, wie man sie sonst im Süden Schottlands vorfindet. Zu entdecken gibt es hier aber auch Sandstrände – in der Sannox Bay kontrastiert der nahezu weiße Sand mit den fast schwarzen Bergen und dem beinahe blauen Meer.

An der Küste stehen in dem Dorf Sannox die typischen kleinen, weißen Häuser, wie man sie überall in Schottland findet. Glen Sannox nennt sich das Tal, das zu den Bergen führt.

Die Insel Arran bietet Schottland im Wohnzimmerformat. Auf kleinster Fläche findet man Seen, Flüsse und herrliche Strände, hohe baumlose Berge und grüne Täler wie das Glen Sannox (oben).

Hier trifft man auf die Spuren einer Burg aus der Eisenzeit sowie die Überreste eines Dorfes, aus dem die Bewohner 1829 im Rahmen der Clearances nach Kanada vertrieben wurden. In der neuen Zwangsheimat bauten sie eine maßstabgetreue Kopie ihrer ehemaligen Dorfkirche.

Von Arrans Burg zu den Zwölf Aposteln

Die Fähren von Ardrossan legen in Brodick an. Hier steht auch das frühere Schloss der Dukes of Hamilton, das heute aber der Denkmalschutzbehörde National Trust of Scotland gehört. Seit 1995 gibt es auf Arran auch wieder eine Whisky-Brennerei, die Arran Distillery in Lochranza hoch oben im Norden der Insel. Obwohl die Einwohnerzahl nur bei rund 200 Personen liegt (Tendenz sinkend), wurde 2003 eine neue Schiffsanlegestelle gebaut. Man hoffte, auf diese Weise Tagesbesucher anzulocken. Es gibt zwar ein winziges Hotel mit einer riesigen Auswahl an Whiskys, aber wenn tatsächlich enorme Besucherscharen mit dem Raddampfer »Weaverley« nach Arran kämen, wäre es zu klein. Es sind jedoch ohnehin vorwiegend Tagesgäste, die kommen, um die Natur zu genießen, die Geologie zu studieren, Golf zu spielen oder die eindrucksvolle Ruine der Burg zu bewundern. Deren ältester Teil stammt aus dem 13. Jahrhundert. Der Legende zufolge ging Robert the Bruce 1306 in Lochranza an Land, als er von Irland zurückkehrte, um den schottischen Thron zu fordern. James benutzte die Burg als Festung in seinem Feldzug gegen den Lord of the Isles und den Clan der MacDonalds. Selbst Cromwell, Lordprotektor von England, Schottland und Irland, soll hier 1650 Quartier aufgeschlagen haben.
Lochranza ist angeblich der Ort mit der geringsten Sonnenscheindauer im ganzen Vereinigten Königreich. Verantwortlich hierfür ist die Lage des Glen, das gen Norden schaut. Ein Besuch dieses wunderschönen wilden Gebiets ist dennoch auf jeden Fall lohnend.
Das Dörfchen Catacol wartet mit den »Zwölf Apostelns« auf – eine Zeile von weiß getünchten Fischerhäusern mit unterschiedlichen Gie-

belfenstern. Deren Geschichte ist schnell erzählt: Die Großgrundbesitzer wollten Land freimachen, und zwar in diesem Fall nicht für Schafe, sondern für Rotwild, um damit reiche Engländer zu Jagdausflügen auf die Insel zu locken. Die Grundbesitzer bauten die Häuser in Catacol für ihre Lehnbauern und planten, diese zu Fischern »umzuschulen«. In die Giebelfenster der Häuser sollten die Frauen Kerzen stellen. Sie wurden unterschiedlich gestaltet, damit die Fischer sofort ihr Haus erkennen konnten. Die sturen Bauern spielten jedoch bei dem Plan der Großgrundbesitzer nicht mit. Sie nahmen ihr Schicksal in die eigene Hand und zogen fort. Das schön unterhalb eines sanft geformten Hügels gelegene Blackwaterfoot (auf Gälisch: *Bun na Dubh Abhainn*) ist eines der kleinsten Dörfer auf der Insel. Das Hotel der Ortschaft ist oft sehr gut besucht, denn Blackwaterfoot besitzt einen Golfplatz mit zwölf Löchern. Nördlich des Dorfes soll sich in der Höhle King's Cave der Überlieferung zufolge einst der große Freiheitskämpfer Robert the Bruce versteckt haben.

Wie es sich für ein Mini-Schottland gehört, dürfen auch Steinkreise nicht fehlen. Auf Arran findet man sie an der Westküste außerhalb des Dorfes Machrie. Dort stehen die megalithischen Monumente seit rund 2500 Jahren, manchen Archäologen zufolge wahrscheinlich sogar noch länger.

Überwältigender Mull of Kintyre

Arran liegt eingebettet zwischen dem schottischen Festland und der lang gestreckten Halbinsel Kintyre, die sie vor den Stürmen des Atlantiks schützt. Der Mull of Kintyre ist die kahle Spitze im äußersten Südwesten der Halbinsel – bezeichnenderweise leitet sich das Wort *mull* vom Gälischen *maoll* ab, das mit »Glatze« übersetzt werden kann. Vom Mull aus hat man an klaren Tagen einen guten Blick auf Nordirland. Seit 1788 wird die Inselspitze von einem malerischen Leuchtturm bewacht. Da dieser inzwischen von Edinburgh aus gesteuert wird, werden die Cottages der früheren Leuchtturmwärter heute als Ferienhäuser vermietet.

Besonders schön ist die 13 Kilometer lange Strecke auf einer einspurigen Straße (nicht für Wohnwagen geeignet) von Southend, dem südlichsten Dorf auf der Halbinsel, zum Mull of Kintyre. Die Fahrt führt durch baumloses Weideland, hin und wieder taucht ein kleines weißes Bauernhaus auf.

Selbstverständlich beeindrucken auf der Insel auch malerische Burgruinen, wie Newton Castle am Loch Ranza (oben). Schafe waren nicht immer die Freunde der Highlander (unten).

Die Qualität eines Whiskys ist auch den alten Fässern zu verdanken, in denen er reift. (oben). Das Städtchen Tarbert auf Kintyre ist über tausend Jahre alt, geht aber mit der Zeit. Diese Kunstgalerie wurde 2000 eröffnet (unten). In Tarberts schönem Hafen liegen nur noch wenige Fischerboote (rechts).

»Mull of Kintyre, oh mist rolling in from the sea«, lautet der Refrain von Paul McCartneys Hymne auf den Mull of Kintyre und die Nebelschwaden, die von der See hereinziehen. Wer die Fahrt über die Insel unternimmt, wird sie nicht bereuen und vielleicht sogar das sentimentale Lied mit ganzem Herzen verstehen. Bestechend an der Aufnahme von McCartneys Gruppe *Wings* ist jedoch weniger der Text, mehr die beeindruckende musikalische Begleitung, die eine Gruppe von Dudelsackspielern dazu beisteuert. Dank dieses Songs spielte sich das faszinierende Instrument in die Ohren von Millionen Fans, die sich sonst nie im Leben diese Art von Musik angehört hätten. Der Dudelsack gehört zur Kultur der Schotten wie Kilt und Haggies, doch leider hört sich sein Name im Deutschen etwas albern an. Denn der Musiker dudelt auf dem Dudelsack keinesfalls vor sich hin, sondern spielt auf einer Pfeife. Deswegen ist der weniger gebräuchliche Name »Sackpfeife« eigentlich weitaus zutreffender. Nicht ohne Grund heißt das Instrument ja auf Englisch auch *bagpipe*. Allerdings ist das Wort »Dudel« auch gar nicht abfällig gemeint, sondern leitet sich wohl von dem türkischen Wort *duduk*, »Flöte«, ab.

Krieger und Mönche

Die wuchtige Burg von Skipness im Nordosten von Kintyre ist ein beeindruckendes Zeugnis der ständigen Kämpfe, die die Schotten nicht nur gegen England, sondern vor allem auch untereinander führten. Im frühen 13. Jahrhundert für den Clan MacSween errichtet, wurde die Burg bis in das 16. Jahrhundert ständig erweitert, ausgebaut und verstärkt und schließlich im 17. Jahrhundert aufgegeben. Seitdem sieht man dort im Grunde genommen nur Touristen sowie in manchen Nächten den Geist der Green Lady of Skipness durch die Ruinen wandeln.

Nicht minder beeindruckend als die Burgruinen sind die Überreste der St Brendan's Chapel. Die Kapelle mit dem hochinteressanten mittelalterlichen Friedhof wurde wahrscheinlich im 13. Jahrhundert erbaut und diente bis in das 18. Jahrhundert als Gotteshaus. Der heilige Brendan war ein irischer Mönch, über den zahlreiche Legenden im Umlauf sind. Fest steht nur, dass er zwischen 565 und 573 mit zwölf Gefährten in einem *curragh* unterwegs war. Der *curragh* ist eine irische Bootsform mit Holzwanten, über die Ochsenhäute gespannt sind. Mit einem solchen Boot soll der Heilige

von Irland aus gen Westen gesegelt sein. Warum er dann der Sage nach auf einer schottischen Insel »an Land« ging, die in Wirklichkeit gar keine Insel, sondern nur ein riesiger Fisch war, bleibt ein Mysterium. Umstritten ist aber auch die Theorie mancher Historiker, wonach die Gruppe gar nicht in Schottland, sondern in Amerika ankam.
Das hübsche Hafenstädtchen Tarbert nördlich von Skipness zählt ungefähr 1500 Einwohner. Um 1098 ließ Norwegens König Magnus Barfuß hier seine Langschiffe über die schmale Landzunge schleppen und bestätigte mit diesem symbolischen Akt, dass die Western Isles der norwegischen Krone gehörten. Tarbert hatte schon immer strategische Bedeutung besessen und wurde aus diesem Grund gleich von drei Burgen geschützt. Die Burg Tarbert Castle am East Loch existiert noch heute als eindrucksvolle Ruine.

Whiskymekka Islay

Gegenüber von Kintyre liegt Islay – die fünftgrößte schottische Insel und zudem die südlichste Insel der Inneren Hebriden. Nur eine schmale Wasserstraße trennt sie von der Insel Jura, deren drei *paps* von quasi jeder Stelle auf Islay zu sehen sind. *Pap* heißt im Übrigen »Brust«, und so sehen die Berge auch aus. Im frühen Mittelalter gehörte Islay zum gälischen Königreich Dál Riata und wurde später ein Teil des »Königreichs der Inseln«.
Islay lockt mit seiner Landschaft, der attraktiven Hauptstadt Bowmore, dem pittoresken Hafen Port Ellen – und mit hervorragendem Whisky. Für Whiskyfreunde aus aller Welt steht die wunderschöne »Königin der Hebriden« ganz oben auf der Rangliste. Was fällt Ihnen zu Islay ein? – Jeder Whiskyliebhaber wird auf diese Frage prompt antworten: Single Malt Whisky. Und auch die Besonderheit des Single Malt von Islay wird er sofort wissen: der außergewöhnlich torfige Geschmack.
So wie im restlichen Schottland zahlreiche Städtchen und Dörfer, die viel älter erscheinen, erst im 19. Jahrhundert als industrielle Ansiedlungen entstanden, zog auch auf Islay die Whiskyproduktion die Gründung von Siedlungen nach sich. Zu diesen relativ jungen Ortschaften gehört beispielsweise Bunnahabhain im Nordosten der Insel. Das Dorf wurde 1881 für die Arbeiter der neuen Whisky-Brennerei gebaut. Auch das etwas ältere, bereits 1828 gegründete Port Charlotte verdankt seine Entstehung dem Whisky, der in diesem Fall in der Lochindaal Destillerie gebrannt wurde.

HOLY ISLAND

Tibetischer Buddhismus in Schottland – zu finden ist dieser im Centre for World Peace and Health auf einer Insel im Firth of Clyde. Die Insel liegt vor Arran in der Lamlash Bay und blickt auf eine lange Geschichte als heilige Stätte zurück. Das Wasser des »heiligen Brunnens« soll einmal heilende Kräfte besessen haben. Im 6. Jahrhundert lebte hier ein Eremit, darüber hinaus gibt es Überreste eines Klosters aus dem 13. Jahrhundert. Heute gehört die Insel tibetischen Mönchen der Samyé Ling Buddhist Community, deren Hauptsitz das Kloster Samyé Ling in Dumfriesshire ist. Das Centre wurde von Lama Yeshe Rinpoche gegründet, einem tibetischen Meditationsmeister der Kagyu-Tradition. Die Insel wurde dem Lama 1990 zum Kauf angeboten.

WEITERE INFORMATIONEN

Holy Isle: Lamish Bay, KA27 8GB, Tel. +44 (0)1770 601 100, www.holyisland.org

Das mächtige Sterling Castle bietet von allen Seiten einen imposanten Anblick. Einst eine der bedeutendsten Burgen Schottlands, ist es heute eine der berühmtesten Attraktionen des Landes.

15 Königliche Residenz – Castle Stirling

Der Geburtsort des silbernen Sterling

Seit 900 Jahren thront über der Stadt Stirling Schottlands größte und historisch bedeutendste Burg. Im Lauf der Zeit wurde Castle Stirling zum Synonym für die Jahrhunderte andauernden kriegerischen Auseinandersetzungen mit England.

Im 12. Jahrhundert war Stirling Castle die Residenz des schottischen Königs Alexander I. Dieser ließ aus dem Silber, das in den Ochill Hills in der Nähe von Alva gewonnen wurde, Münzen prägen, die »Sterlings« hießen. Allgemein geht man davon aus, dass diese »Sterlings« Pate für das Pound Sterling standen, wie die britische Währung auch heute noch heißt. Ein hervorragender Blick auf die Burg öffnete sich am Wallace Monument, das 1869 zu Ehren des großen schottischen Freiheitshelden William Wallace errichtet wurde. Das Denkmal für den Helden der Schlacht von Stirling Bridge steht auf dem Abbey Craig und bietet aber auch eine großartige Aussicht auf fünf Schlachtfelder, die im schottischen Kampf für die Unabhängigkeit eine bedeutende Rolle spielten: Logie 845, Stirling Bridge 1297, Bannockburn 1314, Sauchieburn 1488 und Sherrifmuir 1715. Nicht weit entfernt vom Wallace Monument wird der König und Feldherr Robert I (Robert the Bruce) mit einem eindrucksvollen Denkmal gewürdigt, das die britische Königin Elizabeth II 1964 einweihte.

Als Stirling Castle im Jahr 1314 von Roberts Bruder Edward Bruce belagert wurde, marschierte das englische Heer zur Befreiung auf. Nach der zweitägigen Schlacht bei Bannockburn mussten die Männer des englischen Königs Edward II die Flucht ergreifen. In »Flower of Scotland«, einer der inoffiziellen schottischen Nationalhymnen, nimmt der Refrain Bezug auf den bedeutenden Sieg der Schotten: *»O flower of Scotland – When will we see your like again – That fought and died for – Your wee bit hill and glen – And stood against him – Proud Edward's army – And sent him homeward – Tae think again.«*

16 Tee im Weidenhain – die Willow Tea Rooms

Für den britischen Jugendstil – hier »art nouveau« genannt – spielte Glasgow eine herausragende Rolle. Designfans besuchen die Willow Tea Rooms deshalb nicht nur wegen des Tees.

Charles Rennie Mackintosh in Glasgow

Noch um 1820 war Glasgows Sauchiehall eine ruhige Seitenstraße mit feinen Villen. Heute befinden sich hier die Glasgow Royal Concert Hall und das Einkaufszentrum Buchanan Galleries. Bereits 1903 wurde außerdem ein wunderschöner Teesalon eröffnet.

Der Straßenname Sauchiehall bedeutet »Weidenhain«, im Englischen *willow grove*. Nach dieser Straße wurde auch der neue Teesalon »Willow Tea Rooms« benannt. Entworfen hatte ihn der große schottische Architekt und Designer Charles Rennie Mackintosh. Der Teesalon war insofern etwas ganz Besonderes, als dass Mackintosh absolute Freiheit in Bezug auf die Gestaltung der Räume zugebilligt wurde. Selbst die Kleider der Kellnerinnen wurden von ihm entworfen. Die Willow Tea Rooms entwickelten sich schnell zu einem Riesenerfolg in Glasgow. Ja, die feinen Damen der Stadt waren sogar bereit, einen Penny mehr für eine Tasse Tee zu zahlen, nur um im Room de Luxe sitzen zu können. Nach dem Ersten Weltkrieg ging es leider bergab mit dem Teesalon, 1928 wurde er sogar Teil eines Warenhauses. In den 1980er-Jahren aber kam man auf die Idee, die Räume liebevoll und stilecht zu restaurieren, sodass sie bald wieder im alten Glanz erstrahlten.

Die Willow Tea Rooms sind ein Jugendstiljuwel, wie auch Glasgow im Allgemeinen als die Jugendstilstadt Großbritanniens gesehen wird – immerhin wurde Mackintosh ja auch hier geboren. Bis heute zählt er zu den wichtigsten Vertretern seines Metiers, ob man ihn nun als Architekt, Innenarchitekt, Kunsthandwerker, Designer, Grafiker oder Maler bewertet. Mackintosh war einer der entscheidenden Wegbereiter des Art Nouveau und der sogenannten Glasgow School. International bekannt wurde er durch seine Teilnahme an der 8. Wiener Secession. Er entwarf unter anderem auch Möbel und Gebrauchsgegenstände für den deutschen Möbelfabrikanten Karl Schmidt-Hellerau.

Der Westen

Nah am Wasser gebaut

Gesäumt von hohen Bergen erstreckt sich das beliebte Glen Shiel vom Cluanie Inn zu dem winzigen Ort Shiel Bridge am Meer (links). Die Glockenblume ist eine der wenigen heimischen Blumen (oben). Die kleine, der Insel Mull vorgelagerte Insel Iona ist ein bedeutendes geistliches Zentrum (unten).

Der Golfstrom streichelt die Küste der Isle of Mull. Die See lädt wie hier beim Fischerdorf Fionnphort nicht nur zum Fischen ein (oben). Besonders schön ist das Meer entlang der Westküste, wenn sich der blaue Himmel wie hier bei Oban in ihm spiegelt (rechts).

17 Ungleiche Pilgerstätten – Iona und Mull

Von Oban auf die Inneren Hebriden

Der wichtigste Hafen in diesem Teil Schottlands ist Oban, denn von dem »Tor zu den Inseln« setzen die Fähren nach Islay und Kintyre, nach Mull, Tiree und Coll, nach Barra und South Uist über. Wie eh und je sind die Piers auf den Inseln auch heute fest in den Händen der Reederei CalMac, die neben dem normalen Fährdienst auch Ausflugsfahrten organisiert.

Die CalMac ist eine Institution, um die kein Besucher der schottischen Inseln herumkommt. Seit 1851 gibt es die Fährschiffe, die später als David MacBrayne-Linie bekannt werden sollten und zu Anfang des 20. Jahrhunderts von dem Historiker John Stuart Blackie in diesem Reim verewigt wurden.

»The earth belongs unto the Lord
And all that it contains
But for the Piers of the Western Isles
For they are David MacBrayne's.«

Damals war MacBrayne eine private Reederei, die Frachtgut und Personen zwischen dem Festland und den Hebriden transportierte. Inzwischen hat sich einiges verändert. 1973 kam es zu einer Fusion mit der Caledonian Steam Packet Company und das Unternehmen wurde verstaatlicht. Inzwischen firmieren die Schiffe unter Caledonian MacBrayne. Aber der Reim ist trotzdem nicht überholt. An den Schiffen der CalMac kommt man noch immer nicht vorbei. So gibt es zum Beispiel zwei- bis dreitägige Mini Cruises von Oban zu den Inseln Colonsay, Mull, Iona, Tiree und Coll. Man schläft und isst an Board. Für Besucher, die tagsüber ihr Auto nicht missen möchten, um die Inseln zu erforschen, werden Special Cruises unter anderem nach Lewis, Harris, North and Sout Uist, Benbecula und Skye angeboten.

Obans »verrückter« Aussichtsturm

Oban ist also ein guter Ausgangspunkt, um die Inseln zu erobern. Die Stadt verdankt ihre Existenz der Whiskybrennerei, die 1794 hier angesiedelt wurde, um Arbeitsplätze zu schaffen. 1880 kam dann auch die Eisenbahn nach

Tobermory, die Hauptstadt der Isle of Mull, begrüßt mit einer bunten Häuserreihe am Hafen (oben). Auf Mull locken Strände zum Sonnenbaden (unten). Typisch für die Insel sind aber auch weite Sumpfgebiete und grüne Berge (rechts).

Oban und brachte nicht nur mehr Touristen, sondern auch Industrie mit sich. In diesen ersten Jahren des Wachstums wurde mit dem McCaig's Tower auch Obans Wahrzeichen errichtet. Der Tower ist jedoch kein richtiger Turm, sondern eine architektonische Folly – eine »Verrückheit«, also ein Gebäude, das vortäuscht, etwas zu sein, was es gar nicht ist. Obans Folly gleicht entfernt einem steinernen Gasometer, hat einen Umfang von 200 Metern und besitzt 95 Bögen, die sich auf zwei Etagen verteilen. Auf einer Anhöhe errichtet, beherrscht der mächtige Turm das Stadtbild. Der Erbauer des McCaig's Tower war ein Bankier, der seiner Familie ein dauerhaftes Denkmal setzen wollte. Das ist ihm gelungen, denn der Stein des Bauwerks ist bester Bonawe-Granit. Und so viel sei gesagt: Von dort oben hat man eine herrliche Aussicht, die unter anderem bis zur Insel Mull reicht.

Im Zentrum des schottischen Christentums

Mull ist nach Skye die größte Insel der Inneren Hebriden. Von Oban setzt die Fähre in 45 Minuten zum Hafen von Fionnphort auf Mull über, von dort erreicht man mit dem Schiff in nur zehn Minuten die Insel Iona, auf der der Heilige Columba 563 mit zwölf Gefolgsleuten an Land ging. Der Ire hatte sich aufgemacht, die schottischen Pikten zum Christentum zu bekehren, und gilt deshalb als Begründer der schottischen Kirche. Nur wenige wissen, dass er vor seiner Ankunft auf Iona einige Jahre auf den miteinander verbundenen Inseln Colonsay und Oronsay verbracht hatte. Dort liegt der eigentliche Ausgangspunkt der schottischen Christianisierung. Hier gibt es keine Souvenirläden, dafür aber die Ruine eines Klosters aus dem 14. Jahrhundert. Statistiken zufolge leben auf beiden Inseln 132 Personen und über 170 verschiedene Vogelarten.

Doch auch wenn Schottlands Christentum nicht ganz direkt auf Iona seinen Anfang nahm, so ist die Insel dennoch Schottlands wichtigste religiöse Stätte. Von dort breitete sich der Einfluss des Christentums bis auf das europäische Festland aus. Die winzige Insel war einst so bedeutend, dass dort insgesamt 60 Könige bestattet wurden – 48 schottische, vier irische und acht norwegische Herrscher. Auch Duncan und Macbeth liegen auf dem geschichtsträchtigen Friedhof der Kapelle von St Oran begraben.

Heute ist Iona ein ruhiger Ort, der zum Nachdenken einlädt. Christen aus aller Welt kom-

men hierher, um über die Bedeutung des Lebens im Allgemeinen und ihres Glaubens im Speziellen zu reflektieren.

Whisky, Bauern und ein Theater

Nicht jeden Besucher zieht es nach Iona. Viele Reisende fahren lieber auf die Insel Mull, wo sie erst einmal die Single Malt Whiskybrennerei in Tobermory aufsuchen. Auf Mull kann man jedoch viel mehr unternehmen, als im Pub das begehrte »Lebenswasser« *uisge beatha* zu trinken, wenngleich das sicherlich sehr reizvoll ist. Lohnend ist aber auch ein Besuch des Museums The Old Byre außerhalb von Dervaig, das in einem ehemaligen Kuhstall auf eindrucksvolle Weise das harte Leben der Lehnbauern vor Augen führt. Diese *crofters* wurden im 18. Jahrhundert im Zuge der *Clearances* vertrieben. Damals sank die Zahl der Bewohner auf Mull von 10000 auf weniger als 3000 Personen. Bei der Volkszählung 2011 wurden noch 2800 Menschen erfasst.

The Old Byre ist eine gelungene Privatinitiative, die schon mehrmals mit Preisen ausgezeichnet wurde und die Arbeit vieler Bewohner von Mull mit einschließt. 15 Jahre lang beschäftigte sich Gentian Richardson mit dem Museum. Sie wollte anhand von Schaubildern das Leben und den Alltag auf Mull zur Zeit der *Clearances* demonstrieren. So kann man hier zum Beispiel traditionelle Häuser besichtigen, wie sie einst typisch für die Hebriden waren: ein *black house* von 1840 sowie ein *white house* aus dem späten 19. Jahrhundert. Videos und über Lautsprecher eingespielte Geräusche und Stimmen von Inselbewohnern lassen die Vergangenheit sehr lebendig erscheinen. Attraktiv ist auch die gemütliche Teestube, in der Tee, Kuchen und kleine traditionelle Mahlzeiten angeboten werden, beispielsweise eine Crofters Soup.

Als weitere besondere Attraktion lockt jetzt schon seit etlichen Jahrzehnten das Mull Little Theatre Besucher an. Die Idee für dieses »kleinste professionelle Theater der Welt«, so sagt es jedenfalls das *Guinnessbuch der Rekorde*, stammt von dem Ehepaar Barrie und Marianne Hesketh, das 1963 einen alten Kuhstall in ein sehr professionelles Kammertheater verwandelte. Die letzte Aufführung im Kuhstall fand 2006 statt. Inzwischen hat man das Wort »little« fallen gelassen und ist in ein größeres Gebäude in der Nähe von Tobermory umgezogen. Das neue Theater wird vom Scottish Arts Council finanziert und geht mit seinen Stücken in ganz Schottland auf Tournee.

INVERARAY CASTLE

Am Nordufer des Loch Fyne wartet der Ort Inveraray mit einem malerischen Hafen auf, dessen Becken von einer charmanten Häuserzeile gesäumt wird. 1745 wurde das Städtchen vom Duke of Argyll aus einem Zweig des Campbell Clans gegründet. Wo der Duke im 18. Jahrhundert seinen Stammsitz Inveraray Castle erbauen ließ, hatte der erste Earl of Argyll bereits 1457 eine Befestigungsanlage errichten lassen. Das Schloss ist eine wuchtige Anlage mit runden Ecktürmen. In der Mitte der Anlage beherbergt ein 21 Meter hoher quadratischer Turm eine große Sammlung von Waffen aus dem 16. bis 18. Jahrhundert. Torquhil Campbell, der 13. Duke of Argyll, benutzt das Schloss zwar weiterhin als Stammsitz, hält sich aber mit Frau und Kindern lieber an anderen Orten auf, zum Beispiel in London.

WEITERE INFORMATIONEN

Inveraray Castle: Inveraray, Argyll, PA32 8XE, Tel. +44 (0)1499 302 203, www.inveraray-castle.com

Der Faszination des Rannoch Moor kann sich kaum jemand entziehen. Nur eine Straße führt durch die 130 km² große, so gut wie menschenleere Torflandschaft (oben). Das am Glen Coe anschließende Glen Etive ist ein Ausflugstraum für Wanderer (rechts).

18 Einsame Schönheit – im Glen Coe

Faszinierendes Tal der Tränen

Es ist immer schwierig, die Unterschiede der schottischen Landschaften zu beschreiben und zu bewerten. Aber ohne Zweifel stimmt die Aussage, dass das weit über Schottland hinaus berühmte Glen Coe zu den eindrucksvollsten und schönsten Glens der schottischen Highlands gehört. Im schottischen Bewusstsein ist es auch dank seiner historischen Bedeutung tief verankert.

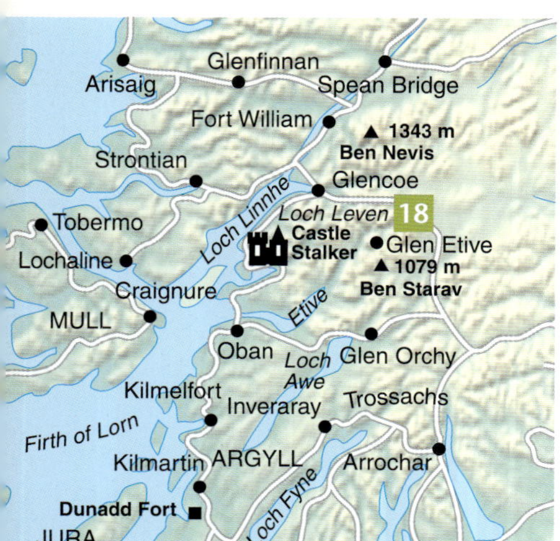

Glen Coe ist ein lang gezogenes, tiefes Tal, das auf keinen Fall so breit ist wie ein Strath. Seine Berühmtheit verdankt es nicht nur seiner atemberaubenden Schönheit, sondern auch seiner Geschichte, die, wie immer und überall in diesem Teil der Welt, eine große Rolle im Bewusstsein der schottischen Bürgerinnen und Bürger spielt. Es wird oft behauptet, dass Glen Coe »Tal der Tränen« bedeutet. Aber das ist wohl eher eine spätere romantische Interpretation. Denn auf Gälisch heißt es Gleann Comhan, und Comhan ist wahrscheinlich der Name einer Person. Dennoch ist auch die Bezeichnung »Tal der Tränen« sicherlich sehr zutreffend. Sie bezieht sich auf ein Ereignis, das bereits über 300 Jahre zurückliegt.

Ein grausamer Verrat

Anfang Februar 1692 baten 130 Regierungssoldaten um Quartier bei den MacDonalds im Glen Coe. Zehn Tage lang waren die Soldaten Gäste des Clans. Dann erhielten sie den Befehl, am Morgen des 13. Februar früh um 5 Uhr alle Clanmitglieder umzubringen, die über 70 Jahre alt waren. Die meisten Opfer wurden im Schlaf überwältigt. Manche konnten zwar noch ins Rannoch Moor flüchten, erfroren dort aber im Schnee. Nur wenige Mitglieder des Clans überlebten, 38 sollen ums Leben gekommen sein. Hinter diesem heimtückischen Attentat steckten wohl maßgeblich die Campbells. Es war ein gewaltiger Verstoß gegen das Gesetz der gälischen Gastfreundschaft, das nicht zulässt, einer Person Böses anzutun, bei

Die Feuchtlandschaften der Highlands warten mit interessanten Sumpfpflanzen von schlichter Schönheit auf (oben). Den Fuchs trifft man in den Lowlands und den Highlands an (unten). Dank seiner Lage im hohen Norden präsentiert Schottland phänomenale Sonnenuntergänge (rechts).

der man zu Gast ist. Vielleicht konnte man aus diesem Grund noch vor ein paar Jahren an einem Gasthof dort ein Schild finden mit der Aufschrift: »Hausierer und Campbells nicht erwünscht«.

Anfang des 18. Jahrhunderts gelang es den MacDonalds of Glencoe, ihre Häuser wieder herzurichten und ein neues Leben aufzubauen. Ihr kämpferischer Geist war nicht gebrochen.

1715 schickten sie 100 Mann zur Schlacht von Sherrifmuir und 1746 beteiligte sich der 14. Chieftain of Glencoe mit 150 Mann an der Schlacht von Culloden. Wie für so viele Clans, sollte sie auch für die MacDonalds of Glencoe die letzte große Schlacht werden. Die wenigen Mitglieder des Clans, die das Massaker überlebten, flüchteten wie hunderte von anderen Clansmen und -women in die Berge und Hochmoore. Aber die englischen Rotröcke des Herzogs von Cumberland waren erbarmungslos. Die Männer des »Schlächters« verfolgten die Highlander bis in die entferntesten Täler, verbrannten ihre Häuser, vertrieben ihr Vieh und brachten viele von ihnen um. Als der 17. Chief, Ewen MacDonald, 1837 starb, hatte die Rolle eines Clanoberhauptes der MacDonalds kaum noch eine Bedeutung. Seit 1935 gehört der größte Teil des Tals und seiner Berge dem National Trust of Scotland. In dem winzigen Dorf Glencoe am Loch Leven, einem Seitenarm der Meeresbucht Loch Linnhe, erinnert ein Denkmal an das Massaker. Es wurde 1883 von Ellen Burns MacDonald of Glencoe gestiftet. In Schottland wird nichts vergessen.

Inspirierend – trotz des Wetters

Der Schriftsteller Charles Dickens hatte das Gefühl, dass im Glen Coe Dämonen und Hexen zu Hause seien. Königin Victoria meinte nach einem Picknick im Tal verzückt: »Welch' Aussicht. Man sollte sich Zeit nehmen.« Das trifft ganz sicher noch heute zu. Sie sollten sich die Zeit nehmen, das Tal gründlich zu erkunden. Aber denken Sie an Gummistiefel. Außer Sie möchten nur einen kurzen Blick vom Auto aus werfen. Diese bequeme Variante ist ganz einfach möglich, schließlich führt schon seit 1785 eine Straße durch das heute menschenleere, früher jedoch dicht bevölkerte Tal.

Welchen Eindruck Glen Coe auf Reisende macht, hängt natürlich nicht zuletzt vom Wetter ab. Ehrlicherweise muss man zugeben, dass die Sonne in Schottland nicht ständig scheint. Man muss aber nicht unbedingt der Beschreibung des Schriftstellers Theodor Fontane zu-

stimmen. Der berühmte deutsche Schottland-Reisende aus dem 19. Jahrhundert bemerkte über das Wetter in den Highlands lakonisch: »Manchmal regnet es, und manchmal regnet es immer.«

Im wilden Rannoch Moor

Darüber hinaus entfalten bestimmte Gegenden erst bei strömendem Regen ihre größte Faszination. Dies gilt zum Beispiel für das wilde Rannoch Moor, in das manche Mitglieder des MacDonalds-Clans vor den mörderischen Regierungssoldaten flüchten konnten. Noch eindrucksvoller ist die Atmosphäre der Region, wenn zusätzlich die berüchtigten Highland-Winde über die Heide hinwegfegen. Das Rannoch-Moor ist eine 130 Quadratkilometer große, saftige, feuchte Moorlandschaft von fast unbeschreiblicher, wilder Schönheit. Das Rannoch ist nicht das größte, aber ohne Zweifel das großartigste Hochmoor in Schottland. Quer durch die unberührte Region führt eine Eisenbahnlinie. Unterwegs kann es schon mal passieren, dass der Lokführer anhalten muss, weil gerade ein Rudel Hirsche die Gleise überquert. Wer es richtig altmodisch liebt, bucht eine Fahrt mit traditionellen Waggons. 2009 wurde die Linie vom britischen Magazin »Wanderlust« zur schönsten Bahnstrecke der Welt erkoren. Aber auch Film-Regisseure lieben die hiesige Szenerie: Zuletzt wurde der Glenfinnan-Viadukt durch die Harry-Potter-Filme weltberühmt – er bildet die atemberaubende lange Brücke, über die der magische »Hogwarts-Express« dampft.

Wandern im Glen Etive

Sanft und eher zurückhaltend wirkt dagegen das Glen Etive, das vom Glen Coe zum Loch Etive führt. Durch das Tal strömt ein Fluss, der in den Bergen um das Rannoch-Moor entspringt und bei Kajakfahrern besonders beliebt ist.
Am Schluss muss man leider umkehren und die 18 Kilometer zurückfahren, denn wie so viele Straßen in Schottland, ist auch diese hier eine Sackgasse. Wer Glen Etive richtig erleben möchte, sollte jedoch sowieso sein Auto stehen lassen und wandern, beispielsweise auf den Beinn Fhionnlaidh oder auf den Sgor na h-Ulaigh. Von dort reicht der sensationelle Ausblick über die Berge bis hin zum Meer. Im Übrigen muss man sich auch keine Sorge um die richtige Aussprache der Namen dieser Gipfel machen – auch die meisten Schotten kennen sich nicht aus.

LOCH LEVEN

Viele schottische Lochs sind nur von einer Seite mit dem Auto erreichbar. Loch Leven aber lädt zu einer Fahrt rund um den ganzen See ein. Die größeren Orte sind Ballachulish am westlichen Ende des Südufers und Kinlochleven im Osten, wo der River Leven in den See strömt. In diesem Dorf leben weniger als 1000 Einwohner. Noch bis Juni 2000 wurde in dem ehemaligen Aluminiumwerk produziert. Es wurde 1907 gebaut und beschäftigte bis zu 800 Arbeiter. Die Fabrik ist heute ein Freizeitzentrum. Ganz anders zeigt sich die Nordseite des Loch: Mischwälder, grüne Wiesen und Weiden, gelegentlich fällt der Blick auf den See und ein einsames Haus. Hier findet man Ruhe zum Ausspannen mit Blick auf das gegenüberliegende Ufer und die Berge. Kein Baum, kein Strauch, kein Busch ist zu sehen. Kurz darauf erreicht man das »Lochleven Seafood Café«. Auf etwas mehr als halber Strecke folgen Ferienhäuschen. Bei North Ballachulish geht es dann wieder über die Mündung in den Loch Linnhe.

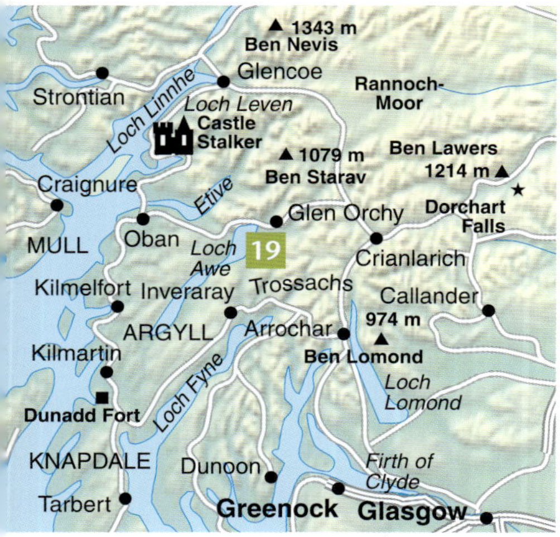

19 Im Tal des Königs-Clans – Glen Orchy

Auf den Spuren von Rob Roy

Eine der schönsten Straßen durch die Highlands führt von der Bridge of Orchy am Fluss Orchy entlang durch Glen Orchy bis hin zum Loch Awe. Nichts deutet darauf hin, dass sich in dem menschenleeren Tal einmal das Zentrum des Clans Gregor befand. Der international wohl bekannteste MacGregor war Rob Roy, dessen Leben zahlreiche Künstler inspirierte.

Sir Walter Scott verfasste einen Roman, der nach dem berühmten MacGregor heißt (in dem dieser aber nicht die Hauptrolle spielt), Hector Berlioz schrieb die Ouvertüre »Rob Roy« und natürlich lieferte seine abenteuerliche Geschichte den Stoff für mehrere Filme. 1995 wurde sie zum Beispiel mit Liam Neeson in der Hauptrolle wieder einmal verfilmt.

Rob Roy war eigentlich ein Viehhändler, der jedoch auf den lukrativeren Rinderdiebstahl in den Highlands umstieg und von seinen Nachbarn Schutzgeld erpresste. Häufig wird seine Person als der schottische Robin Hood dargestellt, doch entspricht dies nicht den Tatsachen. Rob Roy wurde wegen Betruges angeklagt und inhaftiert, aber 1727 begnadigt. Er starb 1734.

Die verbotenen MacGregors

Rob Roy konnte den Nachnamen MacGregor nicht benutzen, sondern war gezwungen, den Namen seiner Mutter anzunehmen: Campbell. Denn die MacGregors hatten sich schon viele Jahre vor Rob Roy mit den Machthabern angelegt. Sie waren ein stolzer Clan und führten ihre Abstammung auf Kenneth MacAlpin zurück, Schottlands ersten König. Der Wappenspruch der MacGregors lautete »S rioghal mo dhream« (Königlich von Geblüt), und selbstbewusst blicken sie auf eine bewegte Geschichte zurück.

Unvergesslich für jeden MacGregor ist zum Beispiel das Jahr 1603, in dem es zu einer entscheidenden Auseinandersetzung mit dem Clan Colquhoun kam. Dabei konnten die

Das malerische Kilchurn Castle am Loch Awe war einst fünf Stockwerke hoch. 1760 zerstörte ein Blitzschlag die Burg (links). Der »wilde River Orchy« spiegelt das Gemüt seiner Landsleute wieder (rechts).

MacGregors zwar über 200 Gegner töten, wurden dafür aber gnadenlos bestraft. James VI ließ nach der Schlacht einen Erlass veröffentlichen, wonach das Tragen des Namens MacGregor für alle Zeiten verboten wurde. Wer sich weigerte, seinen Namen abzulegen, dem drohte die Todesstrafe. Die MacGregors wurden gejagt wie wilde Tiere, heißt es in den Chroniken. Erst 1775 wurde der Name wieder offiziell zugelassen. Sofort meldeten sich 826 Angehörige des Clans und hießen fortan wieder MacGregor. Das Clanabzeichen ist der Zweig einer Bergkiefer.

Am Loch Awe

Der Orchy mündet in den Loch Awe, einen 41 Kilometer langen und ungefähr einen Kilometer breiten See. An dessen nordwestlichem Ufer steht die Ruine von Kilchurn Castle. Es wurde 1420 für Colin Campbell gebaut, dessen Clan in diesem Gebiet ansässig war. Die eindrucksvolle Burg wurde über die kommenden Jahrhunderte immer wieder umgebaut und vergrößert. Ungewöhnlicherweise wurde sie, bis auf eine kurze Belagerung im Jahr 1685, nie das Objekt von kriegerischen Auseinandersetzungen. Das Ende des Bauwerks wurde durch nichts Dramatischeres eingeläutet als einen Blitzschlag und den daraus resultierenden Brand. Das war 1779.
Attraktive Ruinen befinden sich auf einigen Inseln, die mitten im See liegen. Umrahmt von einem dichten Blätterwald stehen auf der Insel Innis Chonnell zum Beispiel die wuchtigen Überreste von Ardchonnel Castle aus dem 13. Jahrhundert.

Auf der Connel Bridge

Ein wenig erinnert diese Brücke an die weltbekannte Forth Bridge, denn auch sie ist eine sogenannte Gerberträgerbrücke. Dieser Brückentypus heißt nach dem deutschen Ingenieur Heinrich Gottfried Gerber (1832–1912). Die Connel Bridge wurde 1903 als Eisenbahnbrücke eröffnet, doch seit der Stilllegung der Bahnlinie im Jahr 1966 dient sie als einspurige Straßenbrücke. Der Verkehr wird in abwechselnder Richtung freigegeben. Beifahrer haben einen wunderbaren Blick auf Loch Etive und die Meeresbucht Loch Linnhe. Hier befindet sich das westliche Ende des Great Glen Fault, der Schottland an dieser Stelle in zwei Teile schneidet. Am östlichen Ende liegt die Stadt Inverness.

LACHSANGELN AM RIVER ORCHY

Der River Orchy ist eines der schönsten und beliebtesten Angelgebiete Schottlands. Dabei konzentrieren sich die Sportangler hauptsächlich auf Lachse und Forellen. Der Fluss entsteht am Loch Tulla. Der Orchy fließt die ersten vier Kilometer südlich durch ein kahles Tal und sumpfiges Gebiet. Nach der Mündung des Kinglass in den Orchy, wendet sich der Fluss südwestlich durch das Glen Orchy. Hier wird es interessant. Auf den nächsten zwölf Kilometern häufen sich Wasserfälle, Schluchten und Strudel. Danach wird die Landschaft flacher. Hier bilden sich über die nächsten elf Kilometer herrliche Kieselkolken. Am Ende trifft der Fluss auf den Süßwasser-See Loch Awe. Den dortigen hydroelektrischen Damm müssen die Lachse mithilfe eines Fisch-Lifts überwinden. Die Saison dauert von Mitte Februar bis Ende Oktober. Das »Bridge of Orchy Hotel« hat seinen eigenen Flussabschnitt für Angler.

WEITERE INFORMATIONEN

Bridge of Orchy Hotel: Bridge of Orchy, Argyll, PA36 4AD Tel. +44 (0)1838 400 208, www.bridgeoforchy.co.uk

Das Tal Glen Orchy war lange das Gebiet der MacGregors, bis der Clan 1603 für etliche Generationen verboten wurde

Die kleine Insel Seil am Firth of Lorne ist seit 1792 mit dem schottischen Festland durch die »Brücke über den Atlantik« verbunden (oben). Castle Stalker ist noch immer bewohnt und ein beliebtes Fotomotiv (rechts).

20 Burgen und Brücken – am Loch Linnhe

Fotogene Zeugnisse der Vergangenheit

Nicht alle alten Burgen Schottlands sind bloß fotogene Ruinen. Manche werden noch immer bewohnt, sind vielleicht weiterhin Stammsitz eines Clans oder erstrahlen nach liebevoller Restaurierung in neuem Glanz. Pittoresk sind sie aber auf jeden Fall immer und faszinierend natürlich auch. Dafür sorgt allein schon ihre strategische Lage – meist unübersehbar auf einsamen Inseln oder steilen Klippen.

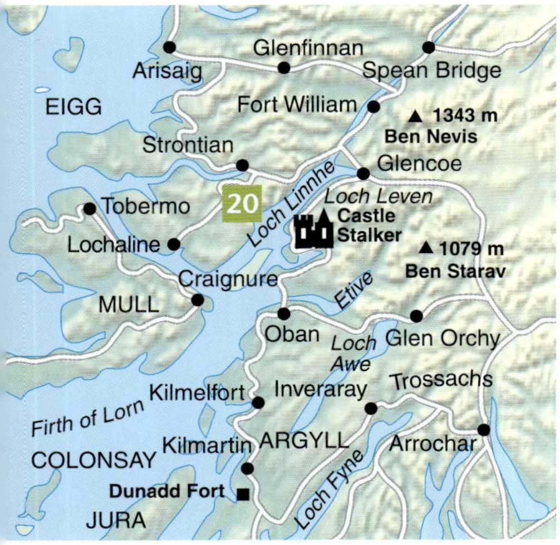

Schottland ist ein Land der Burgen und Schlösser, aber auch ein Land der Burgen- und Schlossruinen. Manche, wie beispielsweise das Urquhard am Ufer des Loch Ness, sind im Lauf der Jahre zu Ikonen geworden. Viel fotografierte Symbole für ein Land, das einerseits ein Naturparadies ist und Besucher aus aller Welt anlockt, andererseits mit einer bedrückenden Geschichte fertig werden muss.

Ein romantischer Wetteinsatz

Zu diesen ikonischen Symbolen gehört auch Castle Stalker, eine vierstöckige Burg auf einer winzigen Insel im Loch Laich am Rand des Loch Linnhe, zweieinhalb Kilometer nord-östlich vom Port Appin. Die Burg ist Jahrhunderte alt und sieht von Weitem aus wie eine Ruine. Doch dieser erste Eindruck täuscht. Zusammen mit dem kleinen Eiland, auf dem die Burg steht, bildet sie einen faszinierenden Anblick, an dem man sich nicht sattsehen kann – Romantik pur.

Die jetzige Burg wurde um 1440 von den Stewarts gebaut. Sie waren in der damaligen Zeit die Lords of Lorn. Zu deren Verwandten gehörte auch James IV von Schottland. Er soll die Burg besucht und um 1620 in einer feucht-fröhlichen Wette veranlasst haben, dass die Burg an die Campbells ging. Der Besitz wechselte danach wohl häufiger. Die Campbells gaben die Festung 1840 auf, nachdem der Dachstuhl eingestürzt war. 1908 wurde es von einem gewissen Charles Stewart of Anchara gekauft, der Renovierungsarbeiten einleitete.

1965 erwarb D. R. Stewart Allward die Burg und ließ sie in den nächsten zehn Jahren vollständig renovieren.
Castle Stalker befindet sich noch heute in Privatbesitz, kann aber zu bestimmten Zeiten besichtigt werden. Offiziell gelten Burg und Insel als »bewohnt, ohne regelmäßig Anwesende«.

Ein Schloss am salzigen Teich

Loch Linnhe ist eine breite Meeresbucht, ein Fjord, der in Richtung Nordosten immer enger wird. Er beginnt bei der Isle of Mull und endet als schmaler Kanal bei Fort Williams. Bei einer Fahrt auf dem Loch umgeben einem nur dicke runde Berge. Am östlichen Ende heißt Loch Linnhe der »schwarze Teich«, am westlichen Ende, wo der See in den Firth of Lorne mündet, der »salzige Teich«. Schließlich befindet man sich nah am Meer. Hier kreuzen die Fährschiffe von Oban nach Coll, nach Castlebay oder Craigmore den Weg und ziehen vorbei an Duart Castle, dem Sitz des Clans Maclean. Hin und wieder springt ein Delfin aus dem Wasser, klatscht ins Wasser zurück und verschwindet wieder. Ab und zu passiert man eine Insel oder einen Leuchtturm. Doch ansonsten sieht man nur wuchtige Gipfel. Keine Almhütten, keine Skilifte, nur baumlose runde Berge, die oft bis an die Ufer reichen oder in weiter Ferne drohend aufragen.

Eine Brücke über den Atlantik

In dieser überwältigend schönen Landschaft stolpert man hin und wieder über ein unerwartetes Kleinod, zum Beispiel eine steinerne Buckelbrücke aus dem Jahr 1792. Rechts und links erstrecken sich Wiesen, und unter der Brücke strömt ein kleiner Fluss. Doch auch dieser Anblick täuscht. Unter dieser Brücke befindet sich nämlich schon der Atlantik, denn die Clachan Bridge verbindet das schottische Festland mit der Isle of Seil, ungefähr 13 Kilometer südwestlich von Oban. So heißt diese malerische Steinbrücke dann leicht übertrieben *The Bridge over the Atlantic*. Kein Geringerer als der große Ingenieur Thomas Telford hat sie entworfen. Noch heute fahren Autos über sie vom Festland zur Insel und umgekehrt. Der Clachan Sound ist sehr schmal, und doch verirren sich hierher hin und wieder sogar Wale. Schon 1835 soll hier ein 24 Meter langer Wal stecken geblieben sein. Und zwei Jahre später waren es dann angeblich sogar 192 Grindwale.

MIT DEM BOOT ZUR ISLE OF LISMORE

Rund 160 Menschen leben auf der mitten im Loch Linnhe gelegenen Isle of Lismore – übersetzt bedeutet Lismore »Großer Garten«. Die rund 16 Kilometer lange und zwei Kilometer breite Insel ist ein noch kaum entdecktes Kleinod, da es für die meisten Touristen zu umständlich scheint, mit der Fähre überzusetzen. Infolgedessen trifft man hier tatsächlich auf nur wenige Besucher. Trotzdem gibt es auf der Ilse of Lismore drei B&Bs, von denen das »Bachuil Country House« im Zentrum der Insel gelegen ist. Zu sehen sind darüber hinaus eine hübsche kleine Kirche, die Ruinen der alten Crofts und ein paar neuere Häuser mit gepflegten Gärten. Ebenfalls zentral gelegen ist das Lismore Heritage Museum mit einem alten Croft und dem netten »Isle of Lismore Café«.

WEITERE INFORMATIONEN

Eine Personenfähre setzt täglich (außer sonntags) jede volle Stunde von Port Appin zur Nordostspitze der Insel über, die Fahrt dauert zehn Minuten. Die Überfahrt mit der Autofähre von Oban nach Achnacroish dauert eine Stunde. Auf beiden Fähren können Fahrräder kostenlos mitgenommen werden.
www.isleoflismore.com

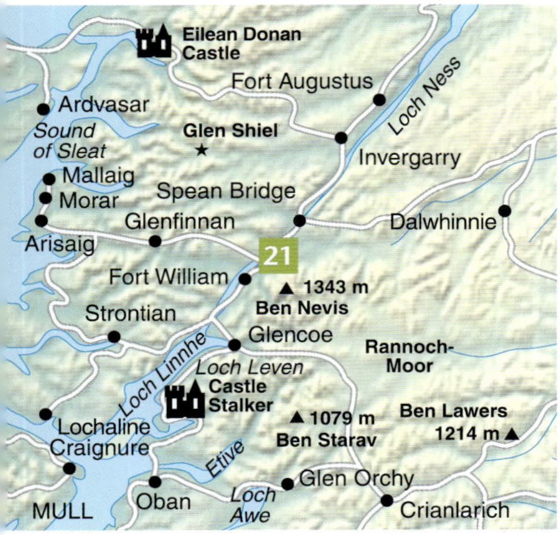

21 Tor zu den Highlands – Fort William

Ein mächtig kleiner höchster Berg

Wer die Alpen, die Pyrenäen oder gar den Himalaya kennt, wundert sich oft über die Höhen von schottischen Bergen. Sie sind überraschend niedrig und passen gar nicht so recht zu dem wuchtigen Bild, das sie dem Betrachter vermitteln. Das gilt auch für den mächtigen Ben Nevis, der sich über Loch Linnhe und dem Caledonian Canal erhebt. Mit 1344 Metern ist er der höchste Berg des Vereinigten Königreichs.

Fort William Ist für viele Schottlandbesucher ein idealer Ausgangspunkt, um die Highlands zu erkunden. Südlich liegt das Glen Coe, im Norden Aonach Mòr und im Westen führt die »Road to the Isles« nach Glenfinnan, das von großer symbolischer Bedeutung im Kampf um die schottische Unabhängigkeit ist.

Die Wilhelms-Garnison

Fort William ist nach Inverness (am anderen östlichen Ende des Caledonian Canals) die größte Stadt der Highlands und heißt auf Gälisch schlicht »Die Garnison«. Im Englischen Bürgerkrieg wurde hier ein Fort gebaut, das während des Aufstands der Jakobiten noch verstärkt wurde. Die englische Bezeichnung Fort William geht auf die Reformation und somit auf Wilhelm von Oranien zurück. Die Siedlung in unmittelbarer Nähe wurde nach Wilhelms Frau »Maryburgh« genannt. Später hieß der Ort Gordonsburgh, dann Duncansburgh und dann wieder Fort William, diesmal aber nach einem anderen Prinzen – nach dem hannoverschen Prinzen Wilhelm August, Duke of Cumberland, auch bekannt unter dem Namen »Der Schlächter«. Kein Wunder, dass auch heute immer mal wieder gemunkelt wird, den Ort nochmals umzubenennen. Aber nach wem?

Ben Nevis ist der höchste Berg der britischen Inseln und meist im Nebel versteckt (links). Die erste von acht Schleusen am Caledonian Canal (rechts).

GLEN ROY UND DAS PHÄNOMEN DER *PARALLEL ROADS*

Dieses Tal verläuft in nördlicher Richtung vom Glen Spean. Dort, wo der gleichnamige Fluss in den Fluss Spean mündet, befindet sich in dem Dorf Roybridge ein kleiner Bahnhof der West Highland Railway. Schaut man auf die Hänge des Tales, dann erkennt man drei parallele Linien, die wie Straßen aussehen. In Wirklichkeit sind es aber drei schmale Terrassen, die die Uferlinien eines Sees anzeigen, den es an dieser Stelle vor rund 13 000 Jahren gab. Gletschereis versperrte damals den Wasserabfluss durch das Glen Spean. Der See stieg zunächst auf 260 Meter, später auf 325 Meter und schließlich auf 350 Meter hoch. Als dann das Eis schmolz, verschwand der See. Übrig blieben am Ende die heute sichtbaren schmalen Terrassen, die sogenannten Parallelstraßen. Früher dachten die Bewohner der umliegenden Täler, dass dieses Phänomen ein Werk von Feen sei. Noch im 18. Jahrhundert war man davon überzeugt, dass es sich um alte, von Menschen angelegte Jagdschneisen handelte.

Der neblige Ben Nevis

Hoch über Fort William thront der Ben Nevis, majestätisch, geradezu wuchtig steht der Koloss über dem Tal. Das Bemerkenswerteste am höchsten Berg der Britischen Inseln ist jedoch vor allem die Tatsache, dass er mit ganzen 1344 Metern über dem Meeresspiegel nicht besonders hoch ist. Kaum der Rede wert, möchte man sagen. Darüber hinaus besitzt der runde Berg nicht einmal eine eindrucksvolle Bergspitze, denn der Ben Nevis ist ein in sich zusammengefallener ehemaliger Vulkan. Sein gälischer Name setzt sich aus den Wörtern *beinn* (Berg) und *nebheis* (schlecht, schlimm) zusammen. Romantischer ist die Ableitung *nèamh-bhathais* (Kopf in den Wolken). Die Bezeichnung »Berg mit dem Kopf in den Wolken« trifft auf jeden Fall zu: Im Winter ist der Gipfel fast immer, im Sommer während der Hälfte der Zeit von Wolken verhüllt.

Der Mountain Track, der die Wanderer auf den Ben Nevis auf den Gipfel führt, hieß früher Tourist Route oder auch Pony Track. Der mit Steinen befestigte Weg war ursprünglich für die Packpferde angelegt worden, die 1883 das Baumaterial für die Wetterwarte auf den Gipfel brachten. Heute sind nur noch ein paar Mauerreste des ehemaligen Gebäudes zu sehen.

Darüber hinaus steht hier noch ein *cairn*, die kleine Steinpyramide ist das höchste Kriegerdenkmal in Britannien. Bei Aufräumarbeiten im Jahr 2006 wurde hier oben unter dem Geröll ein Klavier gefunden. Nachforschungen ergaben, dass Umzugsmänner es 20 Jahre zuvor hoch geschleppt hatten, um sich für das *Guinnessbuch der Rekorde* zu qualifizieren.

Wanderer und Bergsteiger werden bei klarem Wetter mit einer herrlichen Aussicht auf die vielen baumlosen Nachbarberge belohnt.

Der Blick reicht aber auch über Fort William und den Caledonian Canal, der mithilfe von 29 Schleusen die Westküste Schottlands mit der Ostküste verbindet beziehungsweise den Atlantischen Ozean mit der Nordsee. Sein gälischer Name Sligh-Uisge na h-Alba bedeutet »Wasserstraße Schottlands«. Der große schottische Ingenieur Thomas Telford war zwischen 1803 und 1822 für den Bau verantwortlich.

Bei dem Dorf Banavie musste er mithilfe der längsten Treppenschleuse oder Stufenschleuse im Vereinigen Königreich 20 Meter Höhenunterschied zwischen dem Loch Linnhe und dem Loch Lochy ausgleichen. Die acht Schleusentore heißen Neptune's Staircase und werden heute natürlich hydraulisch betrieben.

WEITERE INFORMATIONEN

Bootsfahrt: Verschiedene Bootsverleihe finden Sie unter www.scottishcanal.co.uk

22 Charlies Weg – Glenfinnan und Mallaig

Mit Volldampf auf der Heldenstrecke

Schottlands Geschichte gleicht einem Spiegelbild seiner Landschaften: wild und aggressiv in den Highlands und auf den Inseln, romantisch in den Lowlands und Borders. Ähnlich unterschiedlich sind auch seine Volkshelden: brutale Freiheitskämpfer und tragische Figuren, deren Geschichten noch heute das Nationalbewusstsein prägen. Vor allem das Schicksal von Bonnie Prince Charlie rührt viele noch immer zu Tränen.

Der historische Jacobite Steam Train dampft auf einer der schönsten Eisenbahnstrecken der Welt über den Glenfinnan-Viaduct (links). Schottlands Westküste säumen zahllose weiße Sandstrände, wie die Silver Sands bei Morar (rechts).

Am Nordufer des Loch Shiel steht eine Säule. Sie ist nicht besonders hoch, sodass man die darauf thronende Figur gut erkennen kann. Das Denkmal erinnert an den letzten Versuch der Jakobiter, unter ihrem Thronanwärter Charles Stuart die schottische und die englische Krone zu erkämpfen.

My Bonnie lies over the ocean

Charles war von Frankreich gekommen und zunächst auf Eriskay in den Western Isles gelandet. In einem kleinen Ruderboot wurde er nach Loch nan Uamh westlich von Glenfinnan gebracht, wo ihn Vertreter des MacDonald-Clan begeistert begrüßten. Bei Glenfinnan hisste Bonnie Prince Charles am 19. August 1745 seine Standarte, um in die Schlacht zu ziehen. Doch am 16. April 1746 endete der Kampf auf dem Feld von Culloden mit einem Sieg für die Engländer. Bonnie Prince Charlie konnte entkommen, aber für ihn begann eine lange Flucht vor den Häschern Georges II. Sie führte ihn quer durch die Highlands und über die Islands. Erst am 19. September verließ Charles Edward Louis Philip Casimir Stuart, The Young Pretender, Schottland vom selben Ort, an dem er 14 Monate vorher gelandet war. Er sollte nie wieder zurückkehren. Noch

heute kennt jedes schottische Schulkind Bonnies Ehrenlied, das nicht nur in Schottland zu einem populären Volkslied aufgestiegen ist:
»My Bonnie lies over the ocean,
my Bonnie lies over the Sea«.
Als 1815 das Glenfinnan-Monument errichtet wurde, stellten die Jakobiter keine politische Kraft mehr dar. Die Figur hoch oben auf der Säule ist der *Unbekannte Highlander*. Er steht symbolisch für die unzähligen Toten, die über die Jahrhunderte für die Sache Schottlands ums Leben kamen. Auch heute treffen sich Anhänger der Jakobiter hier noch immer jedes Jahr am 19. August, um des Aufstands von 1745 zu gedenken.

Die Harry-Potter-Gedächtniskurve

Der *Unbekannte Highlander* kehrt einer Attraktion den Rücken, die in mehrfacher Hinsicht weltbekannt ist: dem Glenfinnan Viaduct. Der Viadukt an der wunderschönen Eisenbahnstrecke zwischen Fort William und Mallaig wurde in den Jahren 1897/98 erbaut und zieht auf 21 Pfeilern eine elegante Kurve durch die Landschaft. Die atemberaubende Brücke feiert in drei Filmen über den Zauberschüler Harry Potter ihren Auftritt und erlangte auf diese Weise Weltruhm. Dass der *Jacobite Steam Train* mit seinen alten Waggons von einer Dampflokomotive gezogen wird, ist eine zusätzliche Attraktion. Der Sonderzug fährt einmal am Tag, der reguläre moderne und wesentlich billigere Zug dreimal.
Nachdem der Zug am Loch Eilt, Loch Ailort und dem Loch nan Uamh vorbeigefahren ist, kommt er kurz vor Mallaig nach Morar. Warum auch Morar einen Bahnhof hat, ist nicht ganz nachzuvollziehen, wenngleich sich hier der herrliche Strand White Sands of Morar erstreckt. Darüber hinaus ist Loch Morar mit 310 Metern der tiefste Süßwassersee der Britischen Inseln. Entsprechend steil sind die Berghänge, die bis hinunter zum Ufer reichen.
Auch Arisaig, ganz in der Nähe des Endbahnhofs Mallaig, hat seine Bedeutung in Bezug auf den Jakobitenaufstand. Ganz in der Nähe, genauer gesagt am Loch nan Uamh, schiffte sich Bonnie Prince Charles am 19. September 1746 ein, um für immer die Britischen Inseln zu verlassen. Seit 2009 steht hier auch ein Mahnmal zur Erinnerung an tschechische und slowakische Fallschirmjäger, die während des Zweiten Weltkriegs ausgebildet wurden, um hinter der Front eingesetzt zu werden.

WEST HIGHLAND RAILWAY UND DER JACOBITE STEAM TRAIN

Die ab 1899 gebaute Linie der West Highland Railway gilt als eine der schönsten Strecken im ganzen Königreich. Sie war Teil der Verbindung zwischen Fort William und Glasgow. Die Linie beginnt an der Craigendoran Junction und führt zunächst nach Garelochhead am Ufer des Loch Lomond entlang. Am wichtigen Knotenpunkt Crianlarich trifft sie auf die Linien nach Callander und Oben. Die nächste Station Tyndrum ist der kleinste Ort in Schottland, der zwei Bahnhöfe besitzt. Danach geht es hinauf zum Rannoch-Moor bis Corrour. Nach Spean Bridge endet die Fahrt in Fort William. Hier kann man in eine weitere historische Linie umsteigen, den Jacobite Steam Train nach Mallaig. Die Strecke führt über den wunderschönen Glenfinnan-Viadukt, allen Harry-Potter-Fans von den Fahrten mit dem Hogwarts Express bekannt. Von dort hat man eine herrliche Aussicht auf Loch Shiel, einen noch interessanteren genießen jedoch die Schaulustigen an Land, die den von einer Dampflock gezogenen Zug über die Brücke rattern sehen.

WEITERE INFORMATIONEN

West Coast Railway: http://westcoastrailways.co.uk, Tel. +44 (0)1524 731 100

Der Sonnenuntergang am Loch Alsh setzt den Himmel in Flammen (oben). Die Ruine des malerischen Eilean Donan Castle an den Lochs Duich, Long und Alsh wurde im frühen 20. Jahrhunderts nach alten Plänen restauriert (rechts).

23 Wo die Spanier untergingen – Glen Shiel

Wälder, Seen und Wanderparadiese

Schottland bietet »Natur pur«, atemberaubende Landschaften mit Dutzenden Tälern, hunderten kahlen Hügeln und Bergen, ungezählten Rinnsalen, Bächen und Flüssen sowie tausenden Seen und Tümpeln. Unterwegs bietet sich hinter jeder Biegung ein neuer, überwältigender Anblick. Vor allem Wanderer sind oft überrascht, welch schöne Ecken sie unterwegs immer wieder entdecken.

Manchmal wird man der Erinnerungen an vergangene Schlachten überdrüssig. Sie tauchen in Schottland schließlich ständig auf, selbstverständlich auch im Glen Shiel. Hier fand 1719 die letzte Schlacht auf britischem Boden gegen ausländische Soldaten statt. In diesem Fall waren es Spanier. Es handelte sich bei ihnen um genau 270 spanische Soldaten unter der Führung von Lord Keith, dem 10. Earl Marishal. Sie waren Teil der sogenannten zweiten Armada. Die Spanier sollten sich den Jakobitern anschließen und deren Kampfesstimmung und Siegesmut stärken. Die Hauptinvasion mit der rund 6000 Mann starken zweiten Armada war im Südwesten Englands geplant. Diese erlitt allerdings das gleiche Schicksal wie hundert Jahre zuvor die erste Armada.

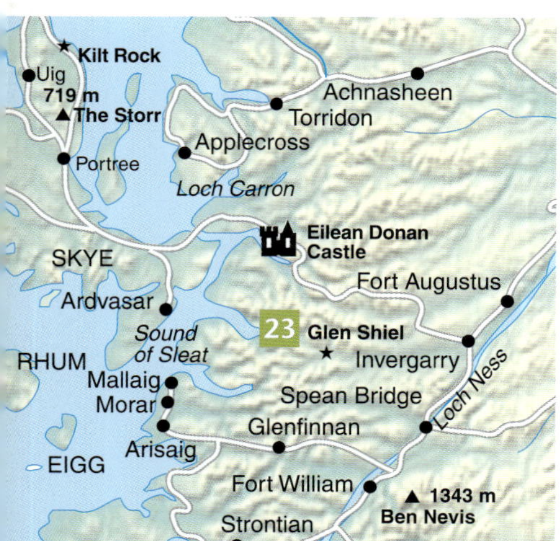

Die schottisch-spanische Streitmacht von rund 1000 Mann beschloss trotzdem, nicht aufzugeben. Zwei Tage lang wurde sie in der Festung Eilean Donan Castle von englischen Marineschiffen beschossen. Die darauffolgende Schlacht entschieden die Regierungstruppen nach nur drei Stunden für sich. Aber sie haben ihren Platz in der schottischen Geschichte erobert und können sogar auf einen Berg verweisen, der nach ihnen benannt wurde: der Sgùrr nan Spàinteach oder »Gipfel der Spanier«. Die Burg von Eilean Donan hat die Auseinandersetzung dagegen nicht überstanden. Die Regierungstruppen benutzten das dort gespeicherte Waffenarsenal, darunter 300 Fass Schießpulver, um die Burg so gründlich wie möglich zu sprengen.

Der Fischadler war in Schottland ausgestorben und wurde in den 1950er-Jahren wieder angesiedelt (links oben). Im Glen Shiel tobte 1719 eine Schlacht zwischen Engländern, schottischen Jakobiten und Spaniern (links unten). Am Stausee Loch Cluanie beginnen zahlreiche Wanderungen (rechts).

Die Burg der MacReas

Ein ganz anderes Schicksal dagegen erlebte die äußerst malerische Burgruine am Loch Duich, die heute ein überaus beliebtes Fotomotiv darstellt. Sie wurde um 1220 als Schutz gegen Überfälle der Wikinger gebaut, diente später als Stammsitz der MacReas und wurde 1719 zerstört. 1912 kaufte ein Mitglied des Clans der MacRea, ein Mister MacRea-Gilstrap, die Ruine und machte sich sofort daran, sie zu restaurieren. Zwischen 1920 und 1932 entstand aus den Ruinen jenes Gebäude, das wir heute kennen. Nach MacRea-Gistraps Tod 1937 stand die Burg lange leer, bis sie 1955 zu einem Museum umfunktioniert wurde. Das war sicher im Interesse ihres ursprünglichen Restaurators. Die Burg gehört heute einer Stiftung des Clan MacRea.

Beim Eilean Donan Castle trifft Loch Duich auf Loch Alsh, bekannt als der »tosende See«. Vom Kyle of Loch Alsh setzte früher eine Fähre zur Insel Skye über, heute fährt man über eine Brücke. Von Ardelve in Sichtweite der Burg Eilean Donan bis zur Meerenge Kyle of Loch Alsh sind es zwölf Kilometer. Hier sollte man sich Zeit nehmen, um das Gebiet zu erkunden – dies lohnt genauso wie eine anschließende Fahrt auf der Old Military Road vom Loch Duich zum Loch Cluanie. Die Straße verband früher Fort Augustus mit Gleneig und ist heute besser bekannt als A86.

Im schönen Glen Shiel

Glen Shiel ist ein wunderschönes Tal, das eigentlich sämtliche Klischees über schottische Glens erfüllt. Es ist zum Teil sogar bewaldet, wobei auch hier die Aufforstung reine Nutzwälder geschaffen hat. Die Fichten stehen wie die Zinnsoldaten in Reih und Glied, umso kostensparend wie möglich und im großen Stil gefällt werden zu können. Glen Shiel gehört inzwischen aber der schottischen Forstverwaltung. Diese spielt mittlerweile mit dem Gedanken, in diesem Teil des Landes wieder alte Mischwälder hochzuziehen. Dann sollte dieses ohnehin schöne Tal noch schöner werden.

Auf halber Strecke zwischen den beiden Lochs steht am südwestlichen Hang des Sgúrr na Ciste Duibhe ein großer Felsbrocken, der »Prince Charlie's Stone« genannt wird. Hier hatte sich Charles Edward Stuart – besser bekannt als Bonnie Prince Charlie – im Sommer 1746 vor den englischen Soldaten versteckt, nachdem er Skye verlassen hatte. Nach der katastrophalen Schlacht von Culloden hatte man

ein Kopfgeld von 30000 Pfund auf ihn ausgesetzt. Im Glen Shiel wurde der Prinz von den »Sieben Männern von Glenmoriston« versteckt, die in einer Höhle namens Corriedhoga in der Nähe vom Loch Cluanie lebten. Eine ganze Woche im Juli 1746 war er ihr »Gast«. Die sieben Männer hatten geschworen: »Ihre Rücken sollten zu Gott gewandt sein, ihre Gesichter zum Teufel. Alle Flüche der Bibel sollten auf sie und ihre Nachfahren niederprasseln, wenn sie nicht geschlossen dem Prinzen in der größten Stunde seiner Not beistehen würden.«

Waters, Lochs und Lakes

Man möchte meinen, dass ein Land wie Schottland, das über so viele Seen verfügt, keine Stauseen braucht. Aber das stimmt nicht. Auch die gibt es – und das trotz der insgesamt gut 31460 Süßwasser-»Lochs«. Hierzu zählen allerdings auch die Lochans, wie die kleinen Tümpel und Miniaturseen genannt werden. Ein richtiger Lake ist der Süßwassersee Lake of Menteith. Einige Lochs werden von den Schotten auch Water genannt. Da wären Roer Water auf den Shetland-Inseln und Heldale Water auf Orkney. Und um die Verwirrung komplett zu machen: Einige Flüsse werden ebenfalls Water genannt. Rekorde brechen dagegen nur wenige Lochs. So wartet der 71 Quadratkilometer große Loch Lomond mit der größten Fläche auf, ist der 41 Kilometer lange Loch Awe am längsten, Loch Morar mit 310 Metern der tiefste und Loch Ness der See mit der größten Durchschnittstiefe von 132 Metern. Nicht zu vergessen die Lochs, die eigentlich keine mehr sind, weil sie entweder entwässert oder zugeschüttet wurden, wie zum Beispiel Nor Loch in Edinburgh. Der Name vieler Lochs fängt mit einem A an, jedoch keiner mit einem Z – die letzten Lochs im Alphabet sind Loch of Yarrows und Yetholm Loch.

Neben all diesen Gewässern besitzt Schottland künstlich angelegte Seen. Dazu gehört nördlich vom Loch Garry und Loch Loyne der Stausee Loch Cluanie in Kintail bei Fort Augustus. Er wurde in den 1950er-Jahren als Teil eines hydroelektrischen Projektes angelegt. Die 40 Meter hohe Staumauer stört nicht in diesem wildromantischen Gebiet mit den vielen baumlosen Bergen, die dicht an dicht hinunter ins Tal drängen. Die Region erfreut sich großer Beliebtheit bei Wanderern, doch ist das Wetter unbeständig. Im Jahr 2007 regnete es hier so viel, dass das Wasser über die Staumauer schwappte und man sich Sorgen um die Menschen entlang dem River Moriston machte.

GLEN SHIEL RIDGEWALKING

Grat-Wanderungen sind sehr populär in Schottland, besonders in den Bergen des Glen Shiel. Nirgendwo in den schottischen Highlands kann man so viele Gipfel an einem Tag besteigen wie auf der Südseite des Tals. Das liegt daran, dass die Höhenunterschiede zwischen Tal und Gipfel relativ gering sind. Die Aussicht ist sensationell, beispielsweise während der Wanderung auf die Five Sisters of Kintail. Der Legende zufolge lebten hier ursprünglich sieben Schwestern. Zwei dieser Töchter eines Bauern heirateten zwei Brüder, die zu Besuch waren und versprachen, dass ihre fünf Brüder kommen würden, um die anderen Schwestern zu heiraten. Diese kamen jedoch nie. Die Schwestern baten einen Zauberer, sie in Bergkuppen zu wandeln, um ihre Schönheit während des Wartens zu bewahren. Auch heute noch sind die Five Sisters ein besonderer Anreiz für Wanderer.

WEITERE INFORMATIONEN

www.walkinghighlands.co.uk

North West Highlands und Äußere Hebriden

Hoch und weit hinaus

Auf der wilden Insel Harris überraschen nicht nur bei Seilbost herrliche Sandstrände die Besucher (links). St Clement's ist die bedeutendste vorreformatorische Kirche auf Harris (oben). Schafe und imposante Widder gehören zur Landschaft der Äußeren Hebriden (unten).

Die Insel Sky bietet zahlreiche lohnende Ziele für Tagesausflüge, unter anderem in den Black und Red Cuillin Hills (oben) und ganz im Norden die markante Steilküste von Trotternish mit dem steil aufragenden »Gottesfinger« (rechts).

24 Scotland in a nutshell – Skye

Auf der Insel der großen Berge

An der Westküste liegen einige Inseln, die auf kleinem Raum die gesamte Topografie Schottlands auf sich vereinen. Dazu gehört auch die Insel Skye. Hier können Besucher gut eine Weile an einem Ort unterkommen und von dort aus jeden Tag einen anderen Ausflug planen, gibt es doch unendlich viel zu sehen, zu erleben und kennenzulernen. Auch den Schotten selbst kommt man auf diese Weise schnell näher.

Der Zauber der Insel Skye liegt in ihrer atemberaubenden Landschaft und den Relikten ihrer jahrtausendealten Kulturgeschichte. Skye heißt auf Gälisch *Eilan A'Cheo fo sgail nam beannmor*, die »Insel des Nebels im Schatten der großen Berge«. Und tatsächlich sind die Black Cuillins, die am Gipfel des Sgurr Alasdair 995 Meter in die Wolken aufragen, häufig nebelverhangen. Die Berge haben etwas Mystisches an sich und sind besonders eindrucksvoll, wenn düstere Wolken vorüberziehen, der Sturm von den Höhen herunterpeitscht und die Oberfläche des Loch Coruisk aufwirbelt, an dessen Ufer riesige Granitblöcke wie zufällig dahingeworfen liegen.
Eindrucksvoll sind aber auch die Felsformationen des Quiraing in der Nähe von Staffin hoch oben im Norden der Insel. Weit schweift hier der Blick über ausgedehnte Wiesen, auf denen hin und wieder die zotteligen Highland Cattle grasen. Ungefähr 13 Kilometer nördlich von Portree stehen auf der Halbinsel Trotternish die 27 Meter hohen Storr Rocks, die von dem 30 Meter hohen, gigantischen Basaltmonolithen Old Man of Storr überragt werden. Für den Wanderer bieten die Formationen einen wunderschönen Anblick, für den Bergsteiger eine Herausforderung. Erst 1955 konnte dieses Überbleibsel vulkanischer Aktivitäten bezwungen werden.

Besiedelt seit der Jungsteinzeit

Rund 10 000 Menschen leben heute auf Skye, davon fast 2500 in der größten Stadt der Insel,

800 Jahre lang war Dunvegan Castle eine der Hochburgen der Chiefs des Clan MacLeod. Der heutige, 30. Chief heißt Hugh Macleod of Macleod (links).

in Portree. Insgesamt blickt Skye auf eine lange, wechselvolle Kulturgeschichte zurück. Vor über 5000 Jahren erreichten als erste Siedler neolithische Bauern aus dem Mittelmeerraum die Insel. Rund 1000 Jahre später kamen höher gewachsene Nomaden mit »runderen Köpfen« vom Rhein und den Niederlanden. Vor 3000 Jahren etablierten sich die ersten keltischen Siedler. Relikte dieser Kultur sind noch heute zu bewundern.

Die erste Invasion auf Skye erfolgte im 6. Jahrhundert und war friedlicher Natur. Damals ließ sich der heilige Columban auf Iona vor der Insel Mull nieder und begann, die Bevölkerung der umliegenden Inseln zum Christentum zu bekehren. Angeblich liegt hierin der Grund für die tiefe Religiosität der gälischen Bevölkerung von Skye.

Unruhig wurde es auf der Insel erst mit Ankunft der Wikinger im 8. Jahrhundert. Unter dem Regime von Somerled, dem ersten keltischen »Lord der Inseln«, und dessen Nachfahren bewahrte Skye seine Unabhängigkeit von den schottischen Königen. Diese Unabhängigkeit endete mit dem Einmarsch des Earl of Ross, der im Namen Alexanders II von Schottland Kirchen niederbrennen sowie Frauen und Kinder ermorden ließ. Um der Inselbevölkerung zu helfen, versammelte der norwegische König Hakon Hakonsson bei Largs eine Flotte von 100 Schiffen. Ein wilder Oktobersturm sollte seiner Rettungsaktion, bei der auch machtpolitische Hintergedanken eine Rolle spielten, ein Ende setzen. Dies war zugleich das Ende der norwegischen Herrschaft über die Inseln. 1266 wurden die Western Isles der schottischen Krone zugesprochen. Skye wanderte in den Besitz des mörderischen Earl of Ross.

Unter der Herrschaft der »Lords of the Isles« kam es bis zum 15. Jahrhundert zu ständigen Auseinandersetzungen und Schlachten. Der Titel wanderte hin und her und wurde immer wieder von einem anderen Teil der Familie Ross beansprucht, bis er schließlich 1649 der Krone zugesprochen wurde. Der heutige Lord of the Isles ist der britische Thronfolger Prinz Charles.

Teure und treue Verbindungen

Einst wurden Rinder beim Kyle of Lochalsh von Skye aufs Festland getrieben, jahrtausendelang erreichten die Inselbewohner das Festland per Boot, und seit 1995 verbindet eine Brücke Skye mit dem schottischen Festland.

Architektonisch ist das Bauwerk uninteressant, dennoch ist es für die Inselbewohner von großer Bedeutung. Lange Zeit wurde es »Seufzerbrücke« genannt, denn die Bürger von Skye hatten die Verbindung nicht gewollt. Jahrhundertelang waren sie mit eigenen Booten oder später auch mit den Fährschiffen zum Festland und zurück gefahren und hatten daran nichts auszusetzen. Aber man ignorierte ihre Einwände.

Letztendlich wurde die Brücke gebaut, und es kam, wie es kommen musste: Kaum war die feste Verbindung zwischen dem Kyle of Lochalsh auf dem Festland und Kyleakin auf der Insel vollendet, stellte Schottlands berühmt-berüchtigter Fährenbetreiber, Caledonian-MacBrayne, den Fährdienst ein. Stattdessen wurde für die Brücke eine teure Maut erhoben. Es hagelte nicht nur Proteste, es kam zu handfesten Demonstrationen und einer langen Kampagne gegen den Brückenzoll. 130 Aktivisten wurden verurteilt, weil sie sich weigerten, die Maut zu zahlen, die sich zum Schluss für die Hin- und Rückfahrt mit einem Pkw auf 11,50 £ belief. Schließlich kam am 21. Dezember 2004 um 7.30 Uhr morgens das Ende der Maut: Schottlands neues Parlament hatte ihre Abschaffung durchgesetzt.

Eine Fähre der besonderen Art setzt vom Festland bei Glenelg zum Hafen von Kylerhea auf Skye über. Sie ist die einzige Autofähre in Schottland mit einer Drehscheibe, die noch von Hand gedreht wird. Die »MV Glenachulish« wurde 1969 gebaut, gehört den Einwohnern von Glenelg und wird auch von diesen betrieben. Die jetzige Route befährt sie seit 1982. Genau fünf Minuten dauert die Fahrt auf der kürzesten Seeverbindung nach Skye. Natürlich betreibt auch CalMac noch eine Fährlinie, die allerdings von Mallaig und Armadale aus operiert.

Ein Schloss und schwarze Häuser

Schottland fasziniert nicht nur Besucher aus dem Ausland, auch Engländer haben oft das Gefühl, in eine andere Welt einzutauchen. Dies gilt vor allem, wenn sie die Highlands und die Western Islands besuchen. Einer der berühmtesten Schottland-Reisenden war der Gelehrte Dr. Samuel Johnson, der mit seinem Biografen James Boswell den hohen Norden besuchte. 1773 kamen sie auch nach Skye. Johnson hatte viel zu bemäkeln, aber auch einiges zu loben oder zu bestaunen. Unter anderem notierte er: »Ich war nie in einem Haus auf den Inseln, wo

Der Neist Point Leuchtturm auf der Halbinsel Duirinish ist besonders malerisch (oben). Kilmuir an der Westküste von Trotternish ist noch heute eine gälische Hochburg (unten).

Auch auf Skye gibt es weite Gebiete, auf denen man nur vereinzelte Häuser sieht (oben). Grund für die Einsamkeit mancher Region ist die Schafzucht, für die die Menschen vertrieben wurden (rechts).

ich nicht Bücher in mehr als einer Sprache fand ... Literatur wird in den höheren Schichten der Hebridenbewohner nicht verachtet.« Die beiden Reisenden aus London waren selbstverständlich auch Gäste auf Dunvegan Castle. Seit dem 13. Jahrhundert ist das Schloss der Sitz des Clans der MacLeods, und höchstwahrscheinlich gibt es in ganz Großbritannien kein anderes Haus, das so lange von derselben Familie bewohnt wird. Immerhin ist der heutige Chief der MacLeods das 30. Familienoberhaupt. Seit 1933 werden aber nicht nur spezielle Gäste wie Johnson und Boswell in das Schloss gelassen, sondern ganzjährig auch gewöhnliche Touristen. Die Besucher dürfen unter anderem die Fairy Flag bestaunen. Diese Fahne soll magische Kräfte besitzen, die sicherstellen, dass der Clan jede seiner Schlachten gewinnt. Dunvegan Castle ist aber mehr als eine Trutzburg mit jahrhundertealten Ausstellungsobjekten. Dank des Golfstroms gibt es hier schon seit dem 18. Jahrhundert auch herrliche Gartenanlagen, unter anderem mit Rhododendronbüschen in allen erdenklichen Farben.

Welch ein Gegensatz sind dazu die sieben rekonstruierten *black houses* im Skye Museum of Island Life in Kilmuir auf der Halbinsel Trotternish! Die Häuser sind besonders beeindruckend, wenn man bedenkt, dass so manches *black house* noch in den 1970er-Jahren bewohnt war. Die »Schwarzen Häuser« hatten keine Fenster und nur eine Tür, ihren Namen verdanken sie jedoch ihrer zentralen Feuerstelle. Da es keinen Schornstein gab, zog der Rauch durch das Schilfrohrdach ab. Zum einen blieb die Wärme so lange wie möglich im Haus erhalten, zum anderen wurden die im Giebel gelagerten Nahrungsmittel durch den Rauch der Torffeuer konserviert. Die Wände der *black houses* bestanden aus doppelwandigen Trockensteinmauern, wobei eine Innenwand Tiere und Menschen trennte. Ab den 1880er-Jahren wurden langsam sogenannte *white houses* mit Schornstein und Fenstern eingeführt – nicht zur allgemeinen Begeisterung. Die Bewohner der neuen Häuser beklagten sich darüber, dass die Wärme nun nach draußen drang.

Die Heldentat der Flora MacDonald

Auf dem Friedhof Kilmuir liegt unter einem großen keltischen Kreuz eine der berühmtesten Frauen der schottischen Geschichte begraben. Als der »Bonnie Prince« Charles Edward Stuart nach der Niederlage in der

Schlacht bei Culloden durch die Highlands auf die Hebriden flüchtete, traf er auf der Insel Benbecula die junge Flora MacDonald. Die einfache junge Frau konnte den Thronanwärter überzeugen, Frauenkleidung anzuziehen, um seinen Häschern zu entkommen. In einem geblümten Kleid als irische Magd Betty Burke verkleidet, gelang es Charles, zusammen mit Flora in einem Boot nach Skye überzusetzen. Vor der Nordwestküste wurden sie von englischen Soldaten beschossen, ruderten aber mutig weiter zur Halbinsel Trotternish.
Bei Kingsburgh fand der Prinz im Haus der MacDonalds vorübergehend Unterschlupf. Von dort brachte Flora ihn nach Monkstadt, wo sich der Sitz der MacDonalds befand. Lady Margaret, die Frau des Chief, der sich ebenfalls nicht für die Sache der Stuarts eingesetzt hatte, verhalf dem Prinzen zu einem weiteren Versteck. Selbstverständlich war Flora MacDonalds Rolle bei der Flucht des Thronanwärters nicht zu verheimlichen. Als der Prinz schon längst auf dem Weg nach Frankreich war, wurde Flora festgenommen, nach London gebracht, verurteilt und eingekerkert. Nach einem Jahr wurde sie jedoch begnadigt.

Im Land der gälischen Sprache

Kilmuir ist darüber hinaus der einzige schottische Ort jenseits der Western Isles, in dem die Hälfte der Bevölkerung Gälisch spricht. »Schuld« daran ist der schottische Adelige Iain Noble, der 1935 in Berlin als Sohn eines britischen Diplomaten und einer norwegischen Mutter geboren wurde. Sir Iain Andrew Noble, 3. Baronet of Ardkinglas and Eilean Iarmain, war Geschäftsmann und Großgrundbesitzer, vor allem aber der wohl bekannteste Aktivist des Gaelic Revival, der Bewegung zur Erhaltung der gälischen Sprache. 1973 setzte er sich für die Einführung zweisprachiger Straßenschilder ein – tatsächlich handelte es sich damals nur um drei Schilder, die er errichten lassen wollte. Dieses Ansinnen schmetterte die Gemeindeverwaltung jedoch vehement ab. »Heute vielleicht in der Viewfield Road, morgen vielleicht auf ganz Skye«, gab sie ihm Bescheid. Dass sich Noble am Ende durchsetzte, weiß natürlich jedermann. Heute gibt es überall in Schottland zweisprachige Straßenschilder. Doch damit nicht genug: Ebenfalls im Jahr 1973 war Iain Noble in Sleat auch maßgeblich an der Gründung des Sabhal Mòr Ostaig beteiligt, dem einzigen gälischsprachigen College Schottlands.

WANDERUNG ZUM OLD MAN OF STORR

Das Bergmassiv The Storr auf der Insel Skye bietet schon von Weitem einen beeindruckenden Anblick. Der Weg dahin ist aber lang: Rund acht Kilometer führt er durch beständig ansteigendes Gebiet, das The Sactuary, »das Heiligtum«, genannt wird. Hier befinden sich The Old Man of Storr und der Needle Rock. Den »alten Mann« kann man schon von Weitem erkennen. Es handelt sich um eine fast 50 Meter hohe Felsnadel, in deren Nähe sich noch andere ähnliche Formationen aufragen. Eine dieser Nadeln wurde von den Inselbewohnern als die »Frau des Old Man« bezeichnet. Die alte Dame fiel allerdings schon vor vielen Jahren in sich zusammen. Nach alter Überlieferung suchten der Mann und seine Frau nach einer entlaufenen Kuh. Sie trafen dabei auf ein paar Riesen und rannten vor Schreck davon. Als sie zurückblickten, um zu sehen, ob die Riesen ihnen folgen, erstarrten sie zu Stein. Die meisten Tagesausflügler geben sich vom Sanctuary aus mit einem Blick auf das Felsmassiv zufrieden. Es ist jedoch auch möglich, den Gipfel zu erklimmen – sogar ohne Bergsteigerausrüstung.

WEITERE INFORMATIONEN

www.walkinghighlands.co.uk

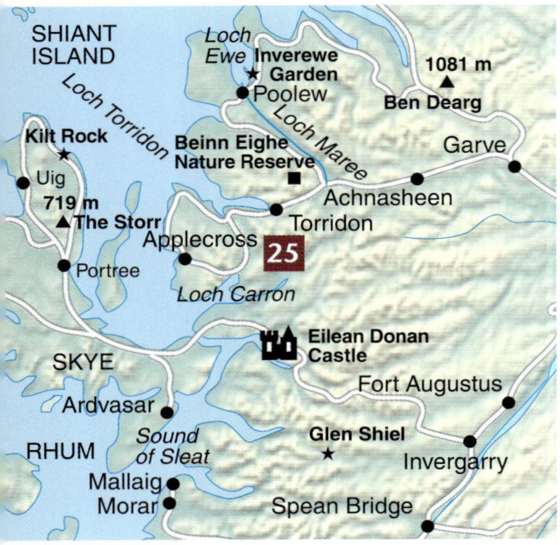

25 Herrliche Panoramastrecke – durch Torridon

Nach Applecross und Loch Carron

Unterwegs durch Torridon bis Loch Carron genießt man großartige Ausblicke über den Sund in Richtung Raasay und Skye, auf das Meer mit seinen Walen und Delfinen und in der Ferne auf das dramatische Panorama des Torridon. Das einsame Bergmassiv hütet einige der ältesten Gesteinsformationen der Welt, deren Alter auf sagenhafte 500 Millionen Jahre geschätzt wird.

Torridon ist ein wunderschönes Gebiet nördlich der Cairngorms und der Highland Boundary Fault. Diese Verwerfung in den Highlands nutzte der große schottische Ingenieur Thomas Telford für den Bau des 97 Kilometer langen Caledonian Canal vom Loch Linnhe zum Beauly Firth. Der Name Torridon bezieht sich sowohl auf ein kleines Fischerdorf an der Westküste als auch auf ein weitläufiges Gebiet, das sich bis zur Nordsee erstreckt. Hierzu gehören das Glen Torridon, die Torridon Hills und natürlich die Meeresbucht Loch Torridon mit dem Loch Shieldaig. Im Süden dieses bei Besuchern besonders beliebten Teils von Schottland befindet sich Loch Carron.

Über den Vieh-Pass

Auf halber Strecke zwischen Loch Torridon und Loch Carron liegt Applecross. Auf der Halbinsel befinden sich mehrere winzige Dörfer, darunter Applecross, Toscaig, Culdule, Camusterrach, Milltown, Sand, Lonbain und noch einige mehr. Bis in das frühe 20. Jahrhundert war Applecross nur per Boot zu erreichen, danach gelangte man über den nicht gerade autofreundlichen Bealach na Bà (»Vieh-Pass«) auf die Halbinsel. Heute führt eine fantastische Straße mit Blick auf die Insel Raasay an der Meeresenge entlang. Die unbedingt lohnende Fahrt führt hinauf bis zur Nordspitze und weiter zum südwestlich gelegenen Loch Torridon,

Zaghaft strecken die Grasnelken ihre Köpfe aus dem Torf am Loch Carron (links). Die Halbinsel Applecross war bis vor wenigen Generationen sehr isoliert. Neben der extrem steilen Passstraße Bealach-na-Bà rauschen romantische Wasserfälle (rechts).

unterwegs genießt man den Blick auf die Torridon Hills und insbesondere den Liathach mit dem Spedean a Choire Lèith und dem Mullach an Rathain.

Ein Gebiet mit Gemeinsinn

Auf der Halbinsel Applecross wurde 2010 die erste unbemannte Tankstelle im ganzen UK eingerichtet. Man konnte nur mit Kreditkarte tanken. Dies ging auf eine Initiative der Applecross Community Company zurück, die diese Tankstelle zwei Jahre vorher übernommen hatte, als sie geschlossen werden sollte. Überhaupt ist der Gemeinsinn der Bewohner dieser kleinen, sehr abgelegenen Halbinsel sehr stark ausgeprägt. Das Gebiet, das sogenannte Applecross Estate, gehörte seit der zweiten Hälfte des 16. Jahrhunderts dem Clan der MacKenzies. Mitte des 19. Jahrhunderts wurde es an den Duke of Leeds verkauft und nach verschiedenen weiteren Besitzern 1924 an die Familie Wills. Die vermachte Applecross schließlich dem Applecross Trust. Die Stiftung hat es sich zum Ziel gesetzt, den Charakter der Halbinsel in »verantwortungsvoller und fortschrittlicher Weise zu bewahren, während sie gleichzeitig der Bedeutung der außergewöhnlichen Natur-Schönheit und -wildnis der Gegend Rechnung trägt.«

Erstaunlich an dieser Stiftung ist, dass keines ihrer sieben Mitglieder noch in Applecross lebt. Der Name hat übrigens nicht mit Äpfeln zu tun, sondern ist eine Verballhornung des piktischen Namens Aporcrosan (»Einmündung des Crossan«). 672 wurde der Ort von einem irischen Mönch gegründet.

Nichts für nervenschwache Fahrer

Die Straße von Applecross verläuft nicht nur gen Norden, sondern auch gen Osten Richtung Loch Carron. Auf dieser einspurigen Strecke sollte man immer darauf achten, die nächste Ausweichbucht anzusteuern, wenn man ein entgegenkommendes Fahrzeug sieht. Höflichkeit und Rücksichtnahme sind auch in Schottland sehr gefragt. Mit egoistischem *one-up-manship* stößt man nicht auf Gegenliebe. So idyllisch das Gebiet auch sein mag, so mancher Reisende bedauert, dass die Straße leider nicht am Meer entlangführt. Stattdessen kommt man durch eine eher öde, wenig abwechslungsreiche Landschaft, wenn auch mit Weitblick über einen Pass. Kein Wunder, dass viele Touristen erleichtert aufatmen, wenn sie schließlich auf Meereshöhe am Loch Kishorn und dem Wester Ross Coastal Trail ankommen.

ROMANTISCHES PLOCKTON

Der winzige Ort Plockton ist von beeindruckenden Bergen umgeben und ein beliebtes Ziel für britische Touristen, weil er in mehreren Fernsehserien und dem Kultfilm »The Wicker Man« (1973) als Kulisse diente. Es gehört zu den vielen Fischerdörfern an der Westküste, die eigens gegründet wurden, um die Abwanderung aus den Highlands einzudämmen. Mittlerweile steht die hübsche Ortschaft in Wester Ross unter Denkmalschutz. An der schönen Hafenpromenade am Loch Carron sind die Fischerboote inzwischen größtenteils verschwunden. Heute kommen viele Künstler und Fotografen wegen der Motive und der Stille in den Ort. Für das leibliche Wohl und Unterkunft sorgen ein paar Restaurants, mehrere Hotels und eine Reihe von Bed & Breakfasts. Der Ort lädt zum Ausruhen ein, zu Spaziergängen und vielleicht auch zu Wanderungen in die nähere Umgebung. Beliebt sind auch Bootsfahrten auf dem Loch, um Seehunde und Robben zu beobachten. Wenn keine Tiere zu sehen sind, erhält man sein Geld zurück.

WEITERE INFORMATIONEN

www.plockton.com,
www.calums-sealtrips.com

Der Steinkreis von Callanish auf der Hebriden-Insel Lewis ist für Viele beeindruckender als das größere und bekanntere Stonehenge im Süden Englands.

Die am Rande Europas gelegene Doppelinsel Lewis und Harris gehört zu den letzten gälischen Hochburgen (oben). Der weltberühmte Harris Tweed wird noch heute in kleinen Webereien nach alten Verfahren hergestellt (rechts).

26 Das doppelte Lottchen – Lewis and Harris

In der Heimat des Tweeds

Palmen, Strandbars und Tänzerinnen in Baströcken gibt es auf den Äußeren Hebriden zwar nicht, dennoch gilt die Inselgruppe am Rande Europas als Inbegriff für Romantik und Abenteuer. Jenseits von Sonne, Sand und Südsee wurde Lewis and Harris von den Nutzern einer internationalen Tourismus-Webseite sogar unter die fünf besten Inseln der Welt gewählt.

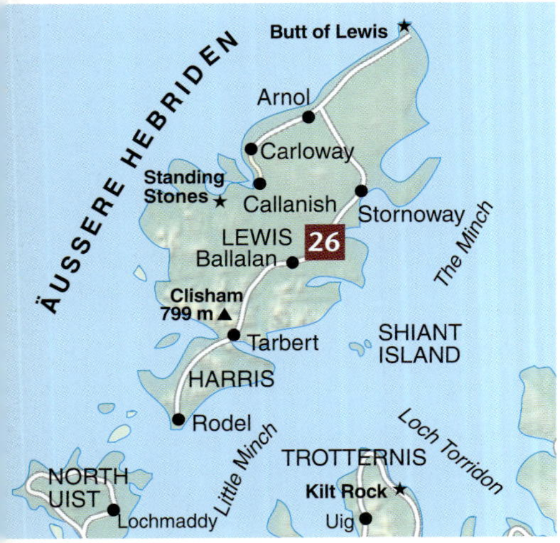

Na h-Eileanan Siar, die Western Isles, die Äußeren Hebriden – für viele Menschen bestimmt die über 200 Kilometer lange Inselkette ihr Bild von Schottland, selbst wenn sie noch nie dort gewesen sind. Der Archipel liegt vor der Nordwestküste Schottlands sozusagen am Rande Europas im Atlantischen Ozean und ist die äußerste Hochburg des Gàidhealtachd: Über 50 Prozent der Bevölkerung der Western Isles sprechen noch heute Hochland-Gälisch. Zu den Äußeren Hebriden gehören 15 Inseln, auf denen insgesamt rund 27 400 Menschen leben, sowie 50 größere unbewohnte Inseln. Plinius der Ältere, ein weitgereister Gelehrter, hat uns die ersten Berichte über den Archipel hinterlassen. In seinem Werk »Naturalis Historia« erwähnt er 30 Inseln.

Orchideen und Steinkreise

Auf den Äußeren Hebriden wachsen kaum Bäume. Seen, Torflandschaften, Torffelder und satte Wiesen bestimmen das Bild, selbst Orchideen wachsen hier so weit oben im Atlantik. Darüber hinaus findet man hier einige der schönsten Strände Schottlands. Sie grenzen an das fruchtbare Weideland in den *machairs* genannten Ebenen, die sich entlang der Küste ziehen.

Einige der Western Isles sind seit 6000 Jahren besiedelt, und ihre frühen Bewohner hinterließen prähistorische Bauten, die weitaus älter sind als die Berichte römischer und griechischer Autoren über die Äußeren Hebriden. Beeindruckende Zeugnisse aus diesen längst vergangenen Zeiten sind die Standing Stones of

Harris Tweed
Harris Tweed

Die St Clement's Church in Rodel auf South Harris wurde Mitte des 16. Jahrhunderts als Grabstätte erbaut (oben). Die fensterlosen *black houses* wurden noch in der Mitte des 20. Jahrhunderts bewohnt (unten). Wild tost der Atlantik an der Küste von Sgarasta Mhòr, South Harris (rechts).

Calanais (Callanish) auf Lewis. Dieser wichtigste Steinkreis Schottlands besteht aus 13 Hauptmonolithen, die zwischen einem und fünf Meter hoch sind und einen Kreis mit einem Umfang von 13 Metern bilden. Um den Steinkreis am besten auf sich wirken zu lassen, sollte man ihn frühmorgens besuchen, wenn der Bodennebel sich gerade zu lichten beginnt. Wenn dann die Gedanken durch die dunstigen Schleier zurückstreifen zu den Menschen, die hier zwischen 2900 und 1500 vor unserer Zeitrechnung gelebt haben, wird dieses Monument, das den Göttern gewidmet war, wohl nur von dem weltbekannten Steinkreis von Stonehenge im englischen Wiltshire übertroffen.

Gälische Kultur und protestantischer Sabbat

Auf den Äußeren Hebriden kann man die Gegenwart völlig vergessen. 27677 Menschen wurden 2011 bei einer Volkszählung auf den zwölf Hauptinseln Lewis and Harris, Bernera, Scalpay, Brnaray, North Uist, Baleshare, Grimsay, Benbecula, South Uist, Eriskay, Barra und Vatersay erfasst. Die Inselbewohner sind in der Regel *Gàidheal* (Gälen), deren Vorfahren sich auf die Western Isles zurückzogen, als gälische Sprache und Brauchtum verboten wurden. Die Bewohner betrachten sich als Hüter ihrer Kultur. Diese lässt sich Fremden am besten durch die Musik vermitteln, die jedes Jahr bei vielen Veranstaltungen erklingt. Ein bekanntes dieser *fèisean* (Musikfeste) ist das Isle of Barra Festival. Das 1981 ins Leben gerufene Fèis Bharraigh dient vor allem zur Erhaltung von gälischer Sprache, Literatur, Musik, Drama und Kultur auf den Inseln Barra und Vatersay und gab den Anstoß zu einer regelrechten Kulturbewegung. Inzwischen finden in ganz Schottland regelmäßig 42 weitere *fèisean* statt. Dazu gehört auch das 2007 gegründete Barrafest Air on Air. Das zweitägige Fest traditioneller und moderner schottischer Musik findet auf dem Tangasdale Machair an der Atlantikküste statt.

Wer sich für den einstigen Alltag der Menschen auf den Inseln interessiert, sollte auf Lewis das Dorf Arnol an der Westküste besuchen. Einst standen dort über 40 *crofts* – winzige fensterlose Häuser der Bauern, die diese mit ihren Tieren teilten. Heute sind diese *black houses* Ruinen, teilweise aber repariert und locken im Freiluftmuseum Besucher an.

Eine ganz andere kulturelle Besonderheit ist der Sabbat, der auf den nördlichen, protestan-

tisch geprägten Inseln sonntags gefeiert wird. Das öffentliche Leben kommt an diesen Tagen zum Erliegen, selbst die Fähren von und zu den Inseln stellen ihren Betrieb ein. Die meisten Bewohner gehören konservativen Freikirchen an, die unter anderem Musik im Gottesdienst ablehnen und für den Kirchgang strikte Kleidungsregeln einhalten. Auf den südlichen Inseln leben überwiegend Katholiken. Derart rigide Regeln gibt es dort nicht.

Harris-Tweed aus Lewis

Tatsächlich sind Harris and Lewis nicht zwei Inseln. Vielmehr bezeichnet der Doppelname eine Insel, die durch einen Gebirgszug in zwei Regionen getrennt ist. Die Grenze zwischen Harris im Süden und Lewis im Norden verläuft nördlich der Meerenge von Tarbert.
Harris ist nicht nur eine der schönsten Regionen auf den Äußeren Hebriden, sondern auch die Heimat des weltbekannten Harris Tweed. Der feine Stoff mit der langen Tradition trat Ende des 19. Jahrhunderts seinen Siegeszug an, als Lady Dunmore, die Frau des Laird of the Islands, ihn bei der britischen Aristokratie einführte. Der Erfolg war durchschlagend. Heute besteht der modisch eher konservativ orientierte Gentleman in Frankreich oder den USA genauso auf Harris Tweed für seine Sportkleidung wie der Banker in Japan. Der Absatz scheint für alle Zeiten gesichert, und die Inselbewohner haben ihr Einkommen. Die meisten Webstühle stehen allerdings nicht auf Harris, sondern auf dem Inselteil Lewis. Beinahe 800 Weber soll es hier geben. Für diese Inselgruppe haben sich die Schafe dann langfristig doch als Segen erwiesen.
Lewis, das auf Gälisch Eilean an Fhraoich, »Insel des Heidekrauts« heißt, ist aber auch für seine zahllosen Seen sowie für seine Torfmoore bekannt, die den Inselbewohnern Brennmaterial liefern. Auf Lewis liegt zudem mit Stornoway die einzige Stadt der Western Isles. Mit ihren rund 9000 Einwohnern ist es nach Inverness und Fort William die größte Stadt der Highlands. Stornoway wurde im frühen 8. Jahrhundert von Wikingern gegründet. Mitte des 19. Jahrhunderts gingen die Stadt und damit auch die Insel von den MacKernzies of Seaforth in den Besitz von Sir James Matheson und dessen Nachfahren über. Matheson wiederum verkaufte das ganze Paket an den Ersten Viscount Leverholme. Als diesem durch seine hochtrabenden Pläne für Insel und Stadt der Bankrott drohte, schenkte er den Bürgern von Stornoway selbst ihre Stadt.

DAS ARNOL BLACKHOUSE

Es ist nicht leicht zu finden, das Blackhouse in Arnol. Von Stornoway fährt man auf der A857 Richtung Laxdale und Newmarket bis Barvas. Dort folgt man dem Schild A848 Gearraidh na H-Aibhne. Etwas später steht auf einem braunen Wegweiser »Taigh Tughaidh Arnoil« und klein darunter »Arnol Black House«. Hier biegt man ab und fährt fast bis ans Meer. Das Blackhouse Museum bietet einen eindrucksvollen Einblick in das Leben der gälischen Insel- und Highland-Bewohner bis ins 20. Jahrhundert. Im Gegensatz zu den *black houses* in Arnol ist das Museumshaus nicht verfallen, sondern sehr gut erhalten. Seine letzten Bewohner zogen erst in den 1960er-Jahren aus. Wie früher brennt auch heute noch das Feuer in der Mitte des Hauses 24 Stunden am Tag. Es hält das Haus warm und verhindert, dass das schilfgedeckte Dach verrottet.

WEITERE INFORMATIONEN

www.undiscoveredscotland.co.uk/lewis/blackhousemuseum

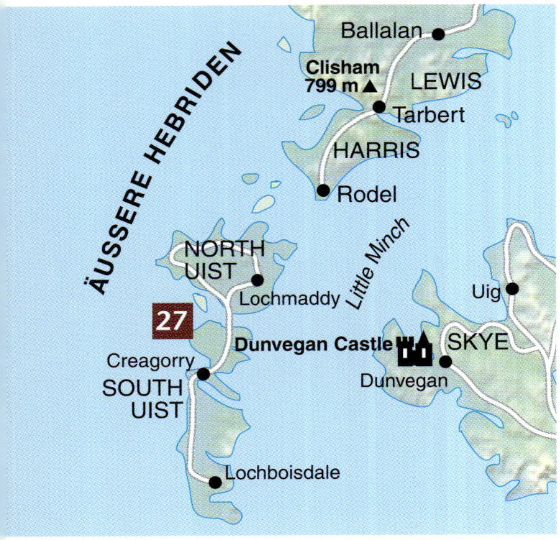

27 Land im Meer – Uist

Auf den katholischen Inseln

Wie an einer Perlenschnur aufgezogen erstreckt sich vom Süden der Halbinsel South Harris eine wild zerklüftete Inselkette bis hin zur winzigen Berneray Isle. Die beiden größten Inseln, North und South Uist, sind nur spärlich bewohnt und scheinen fast vollständig aus Wasser zu bestehen. Bei Sturmfluten werden große Teile des Archipels vom Meer überschwemmt.

Einsam und leer wirken die Inseln, sie sind ein unberührtes Naturparadies, dessen Gesicht flache Torfwiesen prägen, in denen hunderte kleine Lochs wie Farbtupfer leuchten. Wahrscheinlich hat noch niemand die zahllosen Tümpel und kleinen Seen gezählt.
Die wichtigste Ortschaft auf North Uist, die man allerdings leicht übersieht, ist Loch Maddy im Nordosten der Insel. Das Fischerdorf besitzt eine Anlegestelle für die Fährschiffe nach Uig auf Skye und bietet zudem ein kleines Museum und ein Art Centre. Ansonsten sieht man auch hier Wasser, so weit das Auge reicht. Über einen Damm kommt man auf die Nachbarinsel Benbecula, die immerhin einen kleinen Flughafen aufzuweisen hat.

Alte Siedlungen auf South Uist

South Uist bietet Natur pur und ist wie sein nördlicher Gegenpart eine Hochburg der hier zumeist katholischen Gälen. Darüber hinaus gibt es auf der südlichen Insel mehr zu sehen als auf North Uist. Unter anderem wurde hier die berühmte Jakobitin Flora MacDonald geboren. Schottlands Heldin half im 18. Jahrhundert Bonnie Prince Charlie nach der Schlacht von Culloden, nach Frankreich zu fliehen. South Uist ist aber auch ein altes Siedlungsgebiet, wovon zahlreiche frühgeschichtliche Funde zeugen. Bei Ausgrabungen auf dem Feld Cladh Hallan wurden zwischen 1988 und 2002 die einzigen prähistorischen Mumien im Vereinigten Königreich entdeckt. Rundhäuser

Zu den südlichen Inseln der Äußeren Hebriden führen oft Dämme über das meist flache Meer (unten). Das Struan Cottage an der Sollas Bay auf North Uist wurde erst 2002 entdeckt und renoviert (rechts).

aus der Bronzezeit, die wohl zu einer Siedlung von sieben Gebäuden gehörten, deuten darauf hin, dass das Gebiet bereits vor über 3000 Jahren ständig bewohnt war. Andere Ausgrabungsstätten beweisen eine starke Wikingerpräsenz auf der Südinsel.

Den Männern aus dem Norden folgten die MacDonalds vom Clan Ranald. Als einem Chief des Clans Ranald der Bankrott drohte, verkaufte er South Uist 1837 an einen gewissen John Gordon aus Cluny. Dieser wiederum sorgte dafür, dass es mit dem Wohlstand der Insel rapide bergab ging. Wie andere Großgrundbesitzer im Land vertrieb auch er die Inselbewohner, um Platz für Schafe zu schaffen. Daraufhin kam es zu einer großen Auswanderungswelle. Die meisten Emigranten verschlug es nach Nova Scotia in Kanada – in ein Gebiet, wo noch heute viele Menschen Gälisch sprechen. South Uist selbst hat bis heute seine gälische Identität bewahrt, und auch traditionelle Gewerbe wie Torfstechen und Seetangsammeln werden weiter ausgeübt.

Pony-Insel Eriskay

Zwischen den Inseln South Uist und Barra liegt die kleine Insel Eriskay. Seit 2001 ist sie über einen Damm mit South Uist verbunden und per Fährschiff mit Ardmore auf Barra. Eriskay misst nur knapp vier Quadratkilometer und hat doch ein einmaliges Phänomen zu bieten: Auf der Insel lebt eine uralte Pferderasse, die weit über Schottland hinaus bekannt ist. Die Eriskay-Ponys sind 122 bis 137 Zentimeter groß und haben ein meist graues, dichtes, wasserabweisendes Fell – überlebenswichtig auf den Äußeren Hebriden. Inzwischen ist das Insel-Pony allerdings so selten, dass es auf der Roten Liste der gefährdeten Tierarten steht.

Eriskay ist aber auch eng mit einem deutschen Namen verbunden: Werner Kissling, seines Zeichens Fotograf und Anthropologe, geboren 1895 in Breslau, gestorben 1988 in Dumfries. Zu seinen Motiven gehörten die kleinbäuerlichen *crofters* von Eriskay und South Uist. Sein Meisterwerk war der 19 Minuten lange Film »Eriskay – A Poem of Remote Lives«, der am 30. April 1935 uraufgeführt wurde. Unter den Premierengästen befanden sich nicht nur der damalige Premierminister Ramsay MacDonald, sondern auch der Prince of Wales, der spätere König Edward VIII. Mit den Einnahmen aus dem Film wurde der Bau der ersten Straße auf Eriskay finanziert. Ein Teil dieser Straße in der Nähe von Acairseid heißt noch heute Rathad Kissling (Kissling Straße).

BIRDWATCHING AUF NORTH UIST

Mit ihren schönen Sandstränden, Dünen, wilden Klippen und einsamen Sümpfen sind die Inseln North und South Uist Paradiese für Vogelliebhaber. Auf North Uist klärt ein Information Centre über die Bedeutung der traditionellen Landwirtschaft der schottischen *crofters* auf. Diese spielte zum Beispiel für das Überleben des auf dem europäischen Kontinent äußerst seltenen Wachtelkönigs eine große Rolle. Er ist bei uns auch unter dem ausdrucksvollen Namen Wiesenknarrer bekannt. Auch die Grauammer kann man auf North Uist antreffen – sie kommt normalerweise eher im Südosten und Südwesten Europas vor. Ausgerechnet die Vogelwelt hat davon profitiert, dass North Uist besonders hart von den Highland Clearances betroffen wurde. Vor den »Säuberungen« lebten fast 5000 Menschen auf der Insel, heute sind es knapp über 1000. Interessant in diesem Zusammenhang ist die Tatsache, dass die Clearances im mehrheitlich presbyterianischen North Uist später stattfanden als im mehrheitlich katholischem South Uist.

WEITERE INFORMATIONEN

Royal Society for the Protection of Birds (RSPB): www.rspb.org.uk

Der wunderschöne Loch Maree ist auch dank seiner einsamen Lage ein besonders attraktives Ziel (oben). Eine schmale Straße führt zum Leuchtturm Rua Reidh an der Meerenge The Minch. Die ehemaligen Arbeits- und Wohnräume der Leuchtturmwärter dienen heute als Ferienwohnungen (rechts).

28 Legendär – Loch Maree und Loch Ewe

Leuchttürme, Heilige und Ungeheuer

Schottland bietet für jeden etwas und lockt deshalb die unterschiedlichsten Besucher an: Segler und Wanderer, Whisky-Liebhaber und Angler, Menschen, die sich für Parkanlagen und Gärten, für Burgen oder die Geschichte der Gälen interessieren. Die Liste könnte nach lange fortgesetzt werden. Unter anderem kommen hier auch Fans von Leuchttürmen auf ihre Kosten.

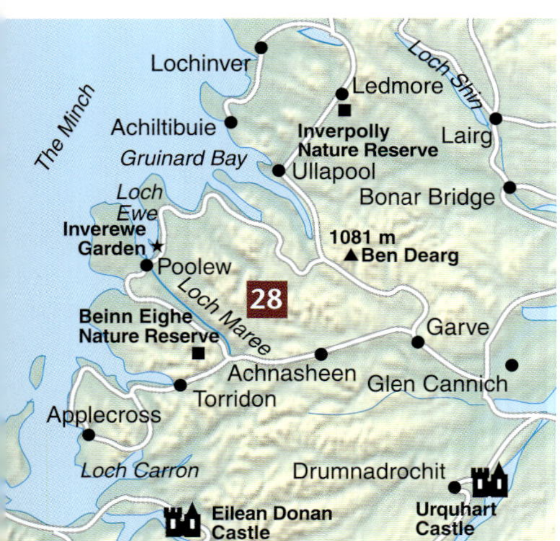

In einem Land mit einer so zerklüfteten Küste wie Schottland liegt es auf der Hand, dass es einer großen Anzahl von Leuchttürmen bedarf. Es ist auch wenig verwunderlich, dass diese Leuchttürme an wichtigen Punkten entlang der Klippen stehen. Kaum zu glauben, dass die Leuchttürme früher einmal die Schiffe mithilfe von Petroleumlichtern an den Felsklipppen vorbei in die Häfen geleitet haben. Seit 1986 werden die Türme übrigens vom fernen Edinburgh aus gesteuert. Der Leuchtturmwärter gehört deshalb heute der Vergangenheit an. Das mag bedauerlich sein, bietet Besuchern jedoch unübersehbare Vorteile: An der ganzen schottischen Küste kann man inzwischen in den früheren Personalunterkünften der Leuchttürme Zimmer mieten.

Leuchtfeuer Rubha Reidh

Einer der eindrucksvollsten Türme wurde 1912 am nordöstlichen Ufer von Wester Ross gebaut, wo Loch Ewe in The Minch mündet. Das Licht der Fresnel-Linse des Rubha Reidh Lighthouse konnte man bis zu der Insel Skye und den Äußeren Hebriden sehen. Heute werden die Linse und das Nebelhorn, das bis 1980 alle 90 Sekunden ertönte, im nahe gelegenen Gairloch Heritage Museum ausgestellt. Mit der Inneneinrichtung des Leuchtturms ging man weniger pfleglich um: Sie wurde herausgerissen und zum Teil als Alteisen verschrottet. Industriearchäologie spielt erst heutzutage eine Rolle. Loch Ewe wird vom wunderschönen Loch Maree gespeist. Die Landschaft am Ufer des 20 Kilometer langen und bis zu vier Kilometer breiten Sees bietet – für Schottland – Ungewöhnliches: Sowohl die Berge als auch die zahlreichen Inseln im See sind zum Teil bewaldet. Vom Nordufer blickt man auf den mächtigen Slioch, mit 981 Metern der höchste Berg der Region. Sein Name leitet sich vom Gälischen *sleagh* ab und bedeutet »Speer«. Der Name verwundert, bis man den Berg vom Westen her betrachtet.

Beim Heiligen Máel Ruba

Am Loch Maree wird einem wieder bewusst, dass Schottlands Geschichte nicht nur aus Kriegen und Clan-Fehden besteht. Schottland war auch der Schauplatz einer frühen Christianisierung, die von Irland ausging und auf dem europäischen Kontinent fortgeführt wurde. Infolgedessen trifft man an vielen Orten auf die Wirkungsstätten früher Missionare. Um deren Heldentaten ranken sich viele Geschichten von wilden Abenteuern und Begegnungen mit Ungeheuern oder sogar dem Leibhaftigen persönlich.

So befinden sich auf einer Insel im Loch Maree nicht nur uralte Bäume, die eine wichtige Rolle bei religiösen Zeremonien der Druiden eine Rolle gespielt haben sollen, sondern auch die Ruine einer ehemaligen Kapelle, ein kleiner Friedhof, ein heiliger Brunnen und ein heiliger Baum – denn hier soll im 8. Jahrhundert Máel Ruba gelebt haben. Der Gründer des Klosters Applecross ist neben Columban der beliebteste Heilige im Nordwesten Schottlands. Über 21 Kirchen sind nach ihm benannt. Der Legende zufolge wurde Máel Ruba 722 auf seiner letzten Reise von dänischen Wikingern in der Nähe von Strathnaver getötet. Dass Historiker die ersten Wikinger-Überfälle auf die Zeit nach 790 datieren, hat dem Image des Heiligen keinen Abbruch getan.

Monster oder Monsterfisch?

Darüber hinaus besitzt auch Loch Maree sein eigenes Ungeheuer. Das Muc-sheilche ist jedoch schwer zu fassen, da es sich in verschiedenen Lochs der direkten Umgebung aufhält. Es gibt keine Fotos, auch genaue Beschreibungen des Ungeheuers fehlen. Skeptiker meinen, es könnte sich um einen gigantischen Aal handeln. Andere wiederum meinen, dass die Story vom Ungeheuer eher bloß eine lokale Legende ist.

BEINN EIGHE NATURE RESERVE WOODLAND TRAIL HIKING

Beinn Eighe ist ein Bergmassiv am Loch Torridon, zu dem auch der eindrucksvolle Liathach und der Beinn Alligin gehören. Es ist klar, warum dieses Gebiet so beliebt bei Wanderern ist. Wie überall in Schottland bietet sich hier ein überwältigendes Naturerlebnis, und man kann unterwegs verschiedenste landschaftliche Szenerien genießen.

Der Mountain Trail ist der wohl einzige markierte Bergpfad in Großbritannien. Die abwechslungsreiche Route verläuft durch eindrucksvolle alte Kiefernwälder und über kahle, von Gletschereis glatt geschabte Hochebenen. Auf der mitunter steilen Wanderung sind anständige Wanderstiefel und wetterfeste Kleidung ein Muss.

Der Woodland Trail bleibt, wie der Name schon andeutet, im Bereich der kaledonischen Kiefernwälder. Sie waren der Grund, dass das Gebiet 1951 zum ersten Naturschutzgebiet des Vereinigten Königreichs ernannt wurde. Die Wege in diesem Teil des Naturschutzgebiets sind gut markiert und eignen sich auch für ungeübte Wanderer.

WEITERE INFORMATIONEN

Beinn Eighe Mountain Trail:

www.nafirchlis.co.uk/beinneighe.htm

Etwas nördlich der Ortschaft Lochinver lockt die Bay of Stoer mit Sandstrand und Dünen (oben). In der riesigen Gruinard Bay wechseln sich Sand- mit Kieselstränden ab. Hier münden Loch Broom und Little Loch Broom in The Minch (rechts).

29 Wilde Schönheit – im Highland bei Ullapool

Von der Gruinard Bay zum Loch Assynt

Warum haben sich die Schotten ausgerechnet die stachelige Distel als Nationalblume ausgesucht? Die Region zwischen Loch Ewe und Little Loch Broom könnte die Antwort auf diese berechtigte Frage liefern. Die abweisende Distel passt perfekt zu diesem menschenleeren Gebiet, das in seiner wilden Einsamkeit selbst in den schottischen Highlands seinesgleichen sucht.

Die Fahrt entlang der Küste zwischen Loch Ewe und Little Loch Broom hinterlässt unvergessliche Eindrücke: Es geht immer nur langsam voran, die Straße schlängelt sich zwischen Heidekraut und riesigen Felsbrocken, erlaubt aber immer wieder die schönsten Ausblicke über die Buchten mit ihren Sandstränden und grünen Weiden. Vor langer Zeit gab es hier Bären und Luchse, heute entdeckt man mit etwas Glück sogar vom Auto aus am Wegesrand Schottlands Nationalblume: die Distel.

Die edle Stachelige

»It's the flowret the proud eagle greets in his flight, – as he covers the sun with the wings of his might. – It's the flowret that laughs at the storm as it blows, – for the stronger the tempest, the greener it grows!«

Die Distel ist ein uraltes keltisches Symbol für edlen Charakter und adelige Abstammung. Der schottische Distelorden ist nach dem Hosenbandorden der zweithöchste Orden des Vereinigten Königreichs. Doch warum gerade die Distel, eine Pflanze, die filigran und zart aussehen mag, in Wirklichkeit aber genau das Gegenteil davon ist. Nun, die Legende kennt die Antwort: Sie erzählt von eindringenden Wikingern, die eines Nachts versuchten, sich an ein schottisches Heerlager heranzuschleichen. Aber einer der Wikinger war barfuß und trat versehentlich auf eine Distel. Er schrie vor Schmerz auf, und was dann folgte, liegt auf der Hand … Die stachelige Distel also wird

Zwischen Loch Broom, Loch Assynt und Loch a'Chairn Bhain erstreckt sich eine abwechslungsreiche Landschaft mit Seen, Buchten und Flüssen (oben). Das Caberfeidh Restaurant in Lochinver ist bekannt für seine Fischgerichte (unten). Mit 1300 Einwohnern ist das Fischerdorf Ullapool am Loch Broom der größte Ort der Region (rechts).

seither in diesem gebeutelten Land verehrt, das über die Jahrhunderte hinweg so viel Leid erfuhr und sich dennoch nicht besiegen ließ.

Schreckensschöne Gruinard Bay

An der Gruinard Bay schweift der Blick weit bis zu den Summer Isles. Dazwischen liegt die Insel Gruinard, bei deren Erwähnung die meisten Schotten noch heute erschrocken zusammenzucken. Bis heute ist fast niemand bereit, diese Insel zu betreten. Dort wurden während des Zweiten Weltkriegs Versuche mit Milzbranderregern durchgeführt. Man stellte fest, dass die Sporen des Erregers in den Boden eingedrungen waren. Die Insel wurde zum Sperrgebiet erklärt, erst 1986 begann eine groß angelegte Dekontaminierung. Vier Jahre später wurde die Insel offiziell für wieder bewohnbar erklärt. Die Erben des ursprünglichen Besitzers kauften sie daraufhin zum Original-Verkaufspreis von 500 Pfund zurück. Doch obwohl seit 2007 kein Milzbranderreger mehr entdeckt worden ist, bleibt die Insel menschenleer. Die Schotten ziehen es vor, Gruinard von der Ferne aus zu betrachten.

In der Bucht klar erkennbar sind auch die Fährschiffe, die vom Fischerdörfchen Ullapool nach Stornoway auf der Insel Lewis and Harris unterwegs sind. Trotz seiner schaurigen Vergangenheit sollte man die landschaftliche Schönheit des Gebietes genießen. Die Region gehört zu den wildesten schottischen Küstenabschnitten, und von den Summer Isles in der Mündung von Loch Broom war nur Tanera Mòr bewohnt. 1881 wohnten noch 118 Menschen auf der Insel, 2011 nur noch vier. Im Mai 2013 schließlich wurde Tanera Mòr für 2,5 Millionen Pfund zum Verkauf angeboten, der Preis wurde später auf 1,95 Millionen reduziert. Der Andrang der Interessenten hielt sich – trotz der vielen Otter, Kegelrobben und wilden Orchideen, die die Insel bevölkern – in Grenzen. Abenteuerlustige mieten sich ein Boot, um auch zu den anderen Summer Isles zu schippern – Bottle Island, Horse Island, Priest Island und viele andere mit unaussprechlichen gälischen Namen wie Maell nan Gabhar. Auf der »Pferdeinsel« tummeln sich heute nur noch ein paar freilebende Ziegen.

Pittoreskes Ullapool

Richtung Norden führt die Strecke vorbei am Little Loch Broom und an beiden Seiten des Loch Broom entlang nach Ullapool. Der noch junge und doch äußerst malerische Ort liegt

am wildesten Abschnitt der weitgehend unberührten Westküste, doch kommen dank der besseren Straßen und des Fährhafens zu den Äußeren Hebriden immer mehr Besucher in den Ort. Ullapool wurde von der *Fisheries Association* gegründet, die hier die Heringsindustrie aufbauen wollte. Noch heute stehen in dem idyllischen Ort die weiß getünchten Fischerhäuser, allerdings sind dort inzwischen Geschäfte, Restaurants und das Hotel The Ceilidh Place eingezogen. Der Name spielt auf die Tradition der Gälen an, sich bei einem *ceilidh* zusammenzusetzen, um sich gegenseitig Geschichten zu erzählen.

Die Nixe im Loch Assynt

Ullapool ist Ausgangpunkt für Wanderungen in einer der schönsten Berglandschaften der Highlands. Das Ziel ist der Süßwassersee Loch Assynt, der manchmal einem Farbholzschnitt des japanischen Künstlers Hokusai gleicht: Mitten im spiegelglatten Wasser liegt eine Insel mit ein paar windgepeitschten Bäumen, am nordöstlichen Ufer steht die romantische Ruine Ardvreck Castle. Die Burg wurde um 1590 vom Clan MacLeod gebaut, dem Loch Assynt und sein Umland seit dem 13. Jahrhundert gehörten. 1672 wurde sie dann vom Clan MacKenzie eingenommen. Einer Sage zufolge wurde einst die MacLeod-Tochter Eimher dem Teufel als Braut versprochen. Um sich zu verstecken, sprang sie in eine Unterwasserhöhle im Loch und verwandelte sich dort in die Wassernixe von Assynt. Die Überlieferung weiß auch zu berichten, dass die geologischen Verwerfungen der Region entstanden, als der geprellte Teufel wutentbrannt mit Felsbrocken um sich warf.

Die grandiose unberührte Landschaft des Gebiets erkundet man am besten zu Fuß, ausgerüstet mit Wanderstiefeln, Wanderstock und viel Proviant. Wenn man aus den Glens auf die Hochebenen aufsteigt, wähnt man sich in einer anderen Welt. Schier unendlich reicht hier der Blick über baumlose Flächen, zu runden Bergen und kleinen Seen.

Am östlichen Ende des Loch Assynt wartet Inchnadamph mit einer Handvoll Häuser, einer Herberge und einem Hotel auf. In den Höhlen oberhalb des Weilers fanden Archäologen Überreste von Luchsen, Braunbären und Polarfüchsen sowie den einzigen Hinweis auf Eisbären, der je in Schottland entdeckt wurde. Außerdem kamen über 5000 Jahre alte menschliche Knochen zutage sowie das Skelett eines Bären, der hier vor 11 000 Jahren überwinterte.

LOCHINVER

Ein hübscher kleiner Hafen in einer geschützten Bucht an der Westküste – eigentlich müsste man von Lochinver aus auch die Insel Lewis sehen können. Aber Lewis ist dann doch ein wenig zu weit entfernt, zudem versperren Soyea Isle und ein paar kleinere Inseln in der Bucht des Loch Inver den Blick. Dafür bilden im Hintergrund die Hügel und Berge eine prächtige Kulisse. Der Caisteal Liath, der wie ein Zuckerhut aussieht, sticht aus dem ansonsten gleichmäßigen Panorama des Suilven Massivs hervor. Der Fluss, der dem Ort und dem Loch seinen Namen gab, der River Inver, fließt vom Loch Assynt hierher. Der Ort ist ein herrlicher Ausgangspunkt für Abstecher in die Umgebung. Zu entdecken gibt es dort rund 200 Lochans und mehrere Strände, zum Beispiel der Sandstrand bei Stoer.

WEITERE INFORMATIONEN

Caberfeidh Restaurant: Main Steet, Lochinver, Assynt, IC27 4JY, Tel. +44 (0)1571 844 321

Der traumhafte Inverewe Garden muss ständig gehegt und gepflegt werden (oben). Dank des wärmenden Golfstroms blühen in Inverewe sogar Seerosen und viele Exoten (rechts).

30 Geschenk des Golfstroms – Inverewe Garden

Exoten am Loch Ewe

Neben einer abwechslungsreichen Landschaft bietet Schottlands Westküste auch eine botanische Überraschung, die so manchen Besucher in Erstaunen versetzt. Der warme Golfstrom, der von Florida in Richtung Irland und Britische Inseln fließt, sorgt hier für ein mildes Klima. Das wiederum hat sich für das Überleben tropischer Pflanzen in dieser Region als ausgesprochen günstig erwiesen.

Der segensreiche Golfstrom fließt direkt an Schottlands Westküste vorbei und sorgt mit seinem warmen Wasser, dass dort im hohen Norden ein gemäßigtes Klima herrscht, in dem das Thermometer selten unter –10 °Celsius fällt und so gut wie nie über 30 °Celsius klettert. Dieses ungewöhnlich milde Klima veranlasste viele Großgrundbesitzer schon in früheren Jahrhunderten, Gärten mit Pflanzen aus aller Herren Länder gestalten zu lassen.

Mackenzies gärtnerische Vision

Der Inverewe Garden liegt bei Poolewe direkt am Loch Ewe und wurde 1862 von Osgood Mackenzie auf einem 850 Hektar großen Grundstück angelegt, das er von seiner Mutter geschenkt bekommen hatte. Es heißt, dass damals nur ein einziger Baum auf dieser riesigen Fläche stand, eine kümmerliche kleine Weide. Mackenzie besaß jedoch nicht nur Land, er war auch reich und konnte sich eine gärtnerische Gestaltung leisten.

Als Erstes ließ er als Windschutz zunächst einheimische, später skandinavische Bäume und Sträucher pflanzen. Die notwendige Erde ließ er aus Irland kommen. Heute befinden sich im Inverewe Garden große Rhododendren-Wälder, die ab Januar fast das ganze Jahr hindurch blühen. Neben den vielen Rhododendronsorten, die teils direkt aus dem Himalaya eingeführt wurden, wachsen in dem schönen botanischen Garten unzählige Eukalyptusbäume aus Australien, Tasmanien und Neuseeland sowie 2500 weitere exotische Pflanzenarten.

Die Farbenpracht der Sommermonate entzieht sich jeder Beschreibung. Besonders schön und besonders britisch ist der direkt am Strand gelegene, von einer Ziegelmauer umgebene *walled garden* mit großartigem Blick auf eine schmale Bucht am großen Loch Ewe.
Das natürliche Arrangement der Bepflanzung ist das Erbe der großen englischen Landschaftsarchitekten William Kent und Capability Brown, die sich im 18. Jahrhundert von der typischen Schlossparkarchitektur abwandten und eine natürliche Landschaftsgestaltung einführten. Hoch oben im Nordwesten von Schottland ließ sich dies zwar nicht ganz so einfach umsetzen wie im englischen Süden, doch Mackenzie blieb seiner Vision eines artenreichen Gartens voller Exoten treu. Nach seinem Tod 1922 führte seine 1952 verstorbene Tochter die Arbeit weiter, die die Anlage dem National Trust for Scotland vermachte. Inverewe Garden war damals allerdings eher ein Geheimtipp, lag er doch in einem sehr abgelegenen Abschnitt der Westküste, der über schlechte einspurige Straßen nur schwer zu erreichen war.
Wer Schottland in den vergangenen Jahrzehnten bereist hat, weiß, wie sehr das Verkehrsnetz inzwischen modernisiert wurde. Zwar sieht man immer noch alte Buckelbrücken, die vielleicht schon seit Jahrhunderten über einen Fluss oder Bach führen, oder enge holprige Straßen, die seit vielen Generationen zwei winzige Ortschaften miteinander verbinden, dennoch kommt man heute auf modernen Strecken sehr viel schneller als früher voran. So erklärt sich, dass Inverewe Garden vor 50 Jahren rund 3000 Menschen anlockte und heute fast 200 000 Besucher pro Jahr zählt. Wie überall gibt es auch hier ein gutes Visitor Centre, einen großen Souvenirshop mit einem umfangreichen Sortiment und ein Café.

Poolewe am Loch Ewe

Aber auch jenseits des Inverewe Garden ist die Gegend um Loch Ewe wunderschön und lädt zu ausgedehnten Spaziergängen ein. Selbstverständlich profitiert auch das Örtchen Poolewe an der Mündung des River Ewe in den Loch Ewe von der Beliebtheit des Gartens. So gibt es hier ein winziges Hallenbad, ein kleines Café, ein bescheidenes Hotel und einen Mini-Supermarkt, in dem sich auch die Post befindet. Was eher verwundert, sind die Verteidigungsanlagen und Bunker an der Mündung des Loch Ewe und das World War II Memorial. Aus der geschützten Bucht des Lochs starteten die britischen Nordmeer-Versorgungsschiffe in Richtung Sowjetunion.

INVEREWE GARDEN UND DER RHODODENDRON WALK

Großbritannien ist berühmt für seine wunderschönen Gärten. Aber oft sind diese sehr überlaufen und bieten nebenbei zu viele Aktivitäten an. Von diesen lärmigen Anlagen unterscheidet sich Inverewe Garden wohltuend. Es ist ein ruhiger, ein beruhigender, fast schon magischer Ort, der an einer Seite bis zum Meer reicht und auf seiner 850 Hektar großen Fläche wunderschöne Spaziergänge ermöglicht. Obwohl sein Gründer Osgood Mackenzie 1862 zunächst nur schottische Föhren anpflanzte, hütet der Botanische Garten eine Unzahl von exotischen Pflanzen. Ein Fest für die Augen beginnt im Frühjahr, wenn die Rhododendren aus China, Nepal und Indien in verschiedensten Farben zu blühen beginnen. Auf einem unvergesslichen Spaziergang durch seinen einmaligen Rhododendronwald wird einem klar, warum Inverewe Garden zu den schönsten Gartenanlagen Schottlands gezählt wird.

WEITERE INFORMATIONEN

Inverewe Garden: Poolewe, IV22 2LG, Tel. +44 (0)1445 781 200, www.gardens-scotland.co.uk/inverewe.html

Ostküste und die zentralen Highlands

Eine Brise Freiheit

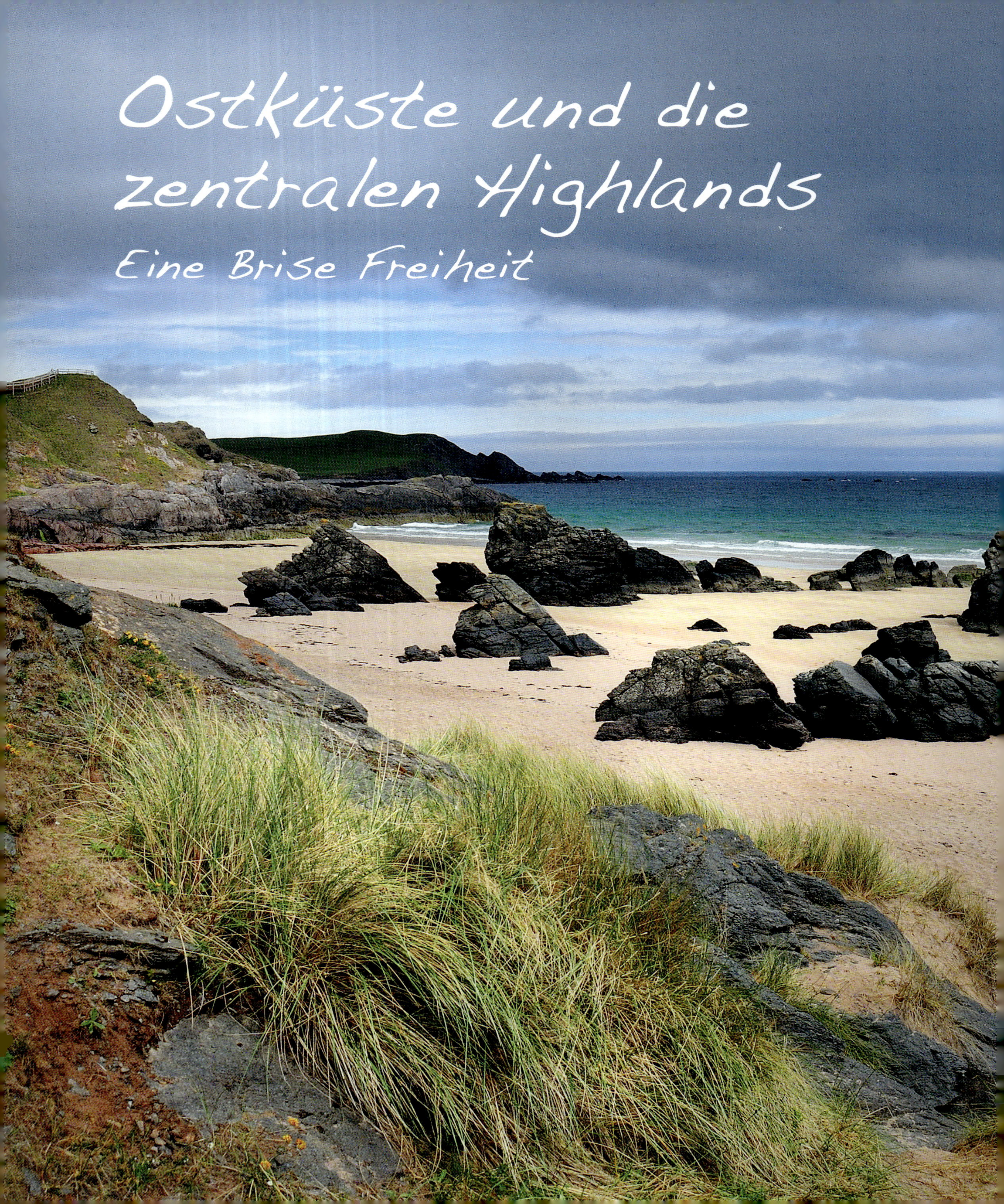

Die Sango Bay bietet den nördlichsten Sandstrand auf dem schottischen Festland (links). Die Ruine des Castle Sinclair Girnigoe ist ein bedeutendes Monument des späten 15. Jahrhundets (oben). Unterwegs entdeckt man auf Wanderungen immer wieder zarte Blumen auf dem kargen Felsboden (unten).

31 Sandstrand und mehr – rund um Durness

Zur Sango Bay und Smoo Cave

Schottlands Nordküste zeigt die verschiedensten Gesichter. Häufig erscheint sie geradezu abweisend und unzugänglich, an anderen Stellen dagegen ganz zahm. Sie ist jedoch immer sehenswert, zumal am nordwestlichsten Punkt Großbritanniens. Wie an so vielen schottischen Orten sind Mythen und Folklore auch dort allgegenwärtig. Selbst ein Tor zur Unterwelt soll es in dieser Gegend geben.

Besucher an der englischen Südküste sind oft von den steinigen Stränden der Region enttäuscht. Wer dagegen zur schottischen West- und Nordküste kommt, kann den Anblick der vielen herrlichen Sandstrände meist erst mal gar nicht fassen. Eine ganze Reihe solch schöner Strände findet man im äußersten Nordwesten, wo Schottland eigentlich am rauesten ist.

Von Durness nach Cape Wrath

Der größte Anziehungspunkt im hohen Nordwesten ist Durness. Der Ort an sich hat eigentlich nur ein Information Centre zu bieten, in dem man bereitwillig Auskunft über die Sehenswürdigkeiten in der Umgebung gibt. Der nachgestellte Steinkreis vor dem Zentrum zählt allerdings nicht unbedingt zu den Topattraktionen, schließlich gibt es ja nun wirklich sehr eindrucksvolle echte Steinkreise in Schottland. Sehenswert sind hingegen auf jeden Fall die Höhle Smoo Cave sowie die Sandstrände in den Buchten auf dem Weg zum Cape Wrath. Die Nordwestspitze des britischen Festlands ist mit einer Personenfähre, einem Minibus oder zu Fuß zu erreichen. Das Kap dient als Übungsgebiet für die britische und US-amerikanische Air Force, ist also nicht immer zugänglich und manchmal auch nicht sehr idyllisch. Trotzdem lohnt sich ein Ausflug allein

Auf dem Sandstrand der Sango Bay liegen riesige Felsbrocken wie gestrandete Wale. Die Bucht lockt Surfer aus aller Welt an (unten). Die Smoo Cave führt der Legende zufolge direkt in die Unterwelt (rechts).

schon wegen des mächtigen Leuchtturms aus dem Jahr 1828. Dieser ist wie alle anderen schottischen Leuchttürme nicht mehr bemannt, sondern wird seit 1998 von Edinburgh aus gesteuert. Seit 2001 ist auch sein Nebelhorn verstummt. Wer hier in Schottlands wildestem Landstrich rasten möchte, findet zumindest ein 2009 eröffnetes Café.

Am Tor zur Unterwelt

Leichter ist die Smoo Cave zu erreichen, die ganz in der Nähe von Durness liegt. Allein schon ihr 40 Meter breiter und 15 Meter hoher Eingang ist äußerst eindrucksvoll. Drei Kammern der großen Höhle kann man besichtigen, die dritte jedoch nur mit einem kleinen Boot. Dort ist es jedoch ziemlich laut, weil der Fluss Smoo hier in die Höhle hineinstürzt.
Wir wären aber nicht in Schottland, wenn es nicht auch unzählige Legenden und Geistergeschichten über die Smoo Cave gäbe. So vermutete man hier früher einen Eingang zur Unterwelt, und so mancher Schotte konnte dies angeblich auch bezeugen: So behauptete beispielsweise Donald Mackay, der Erste Lord of Reay und Chief des Clans Mackay, steif und fest, an der Höhle des Öfteren den Teufel getroffen und ihn jedes Mal besiegt zu haben. Darüber soll Satan derart zornig geworden sein, dass der dem Lord eines Morgens vor Sonnenaufgang in der Smoo Cave auflauerte. Glücklicherweise ließ der Lord seinen Hund voraus in die Höhle laufen. Als dieser kurz danach heulend und komplett enthaart herauskam, wusste der Lord, was die Stunde geschlagen hatte. Gott sei Dank ging in dem Moment die Sonne auf. Im Tageslicht war der Teufel machtlos und verließ den Ort des Geschehens durch das Dach der Höhle. Die drei Löcher, die wir heute dort oben sehen, sind natürlich der Beweis dafür.
Glaubhafter ist dann aber vielleicht eher die Geschichte, dass sich in der Höhle eine illegale Whisky-Brennerei befunden haben soll. Auf der Suche nach den Schwarzbrennern sollen zwei Steuereintreiber eines Tages in die zweite Höhle vorgedrungen sein, wurden dort aber von einem Hochwasser überrascht. Ihr Boot kenterte und sie ertranken. Aber es wurde nur eine Leiche gefunden. Angeblich geistert der zweite Mann bis zum heutigen Tag ab und zu bei Hochwasser in der Höhle herum …

SURFEN IN DER SANGO BAY

Schottlands Nordküste ist dünn besiedelt, mit Durness liegt hier das nordwestlichste Dorf des britischen Festlandes. Besucher entdecken hier eine beeindruckende Landschaft von rauer Schönheit – auch in der Sango Bay, wo schwarze Felsen mit dem weißen Sand des Strandes kontrastrieren.
Die Sango Bay ist ein beliebtes Ziel für Surfer, sicherlich nicht zuletzt auch deshalb, weil man dort – in Schottland ist dies mehr oder weniger erlaubt – hervorragend wild zelten kann.
Wildcamper lassen sich hier auf den Wiesen oberhalb der Bucht nieder, wo sie eine herrliche Aussicht auf das Meer und die umgebende Landschaft genießen können. Aber auch der offizielle Campingplatz Sango Sands Oasis enttäuscht nicht und lockt die Surfer sogar außerhalb der Saison an, denn dann kann man dort kostenlos sein Zelt aufschlagen oder seinen Camper parken. Allerdings ist dann das Wasser abgestellt. Den Surfern gefällt in der Sango Bay jedoch vor allem, dass es hier je nach Wind- und Swellrichtung einen guten Beachbreak gibt, dass man sich seine eigenen Buchten aussuchen kann und im Sommer die Nächte extrem kurz sind.

WEITERE INFORMATIONEN

Sango Sands Oasis: Tel. +44 (0)1971 511 726, www.sangosands.com

Nur ein paar Krebskörbe erinnern noch daran, dass in Staxigoe einst Fischerboote in See stachen (oben). Mit etwas Glück trifft man auf Robben in der Brought Bay bei Dunnet Head (rechts).

32 Flachland – im äußersten Nordosten

Von Duncansby Head bis Sinclair's Bay

Der Nordosten Schottlands liegt an der Nordsee und unterscheidet sich erheblich von der Atlantikküste. Verschwunden sind die wilden Berge und zerklüfteten Buchten des Westens. Hier ist das Land unendlich flach, und es wechseln sich Viehweiden mit Hochmooren ab. Dazwischen zeugen vereinzelte Burgruinen von erbitterten Kämpfen mit Eindringlingen aus dem Norden.

Wer einmal durch das gesamte Vereinigte Königreich wandert oder radelt, der bringt von Land's End in Cornwall bis John o'Groats hoch oben in Schottlands Nordosten über 876 Meilen hinter sich. Nicht eingeschlossen sind auf dieser langen Strecke der nördlichste Punkt, Dunnet Head in der Nähe des Leuchtturms am Cape Wrath, und die Nordostspitze am Leuchtturm von Duncansby Head. Für die Landvermesser entscheidend ist nur John o'Groats als einzige, wenn auch wirklich winzige Ortschaft in der Region. Das Dorf fungiert noch nicht einmal als bedeutender Fährhafen zu den Orkney-Inseln. Von hier setzt lediglich eine Fähre zur Insel South Ronaldsay über, die Boote zur Hauptinsel der Orkneys legen in Scrabster bei Thurso ab.

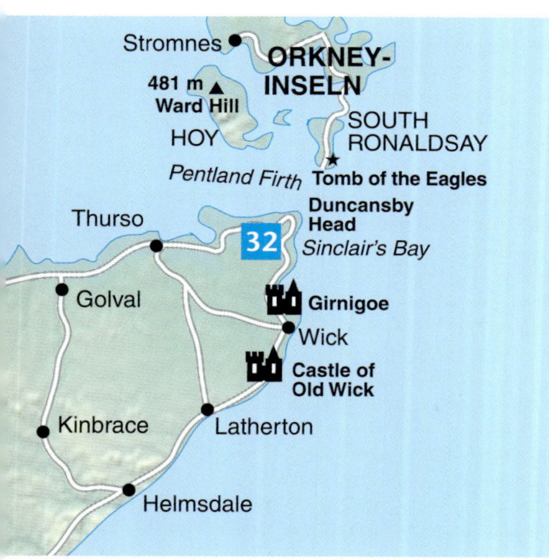

An der Nordseeküste

In Sichtweite der Orkneys beginnt auf dem Festland beim Leuchtturm von Duncansby Head die an der Nordsee gelegene Ostküste Schottlands. Das Land ist vorwiegend flach und grün, dazwischen liegen Hochmoore und Heideflächen, sowie einige wenige Häuser und kleine Höfe. Statt Trockensteinmauern trennen nun Zäune die einzelnen Viehweiden voneinander. Dass die Küste hier nicht ganz so gefährlich ist wie im Westen, erkennt man schon an der geringen Größe des viereckigen Leuchtturms, der keinesfalls majestätisch in den Himmel ragt. 22 Seemeilen reicht das Licht des 1924 errichteten Bauwerks in die Nordsee und warnt die Schiffe vor den pittoresken Duncansby Stacks.

Die Strecke entlang der Küste gen Süden ist schön, fast ständig öffnet sich der Blick aufs Meer. Hin und wieder kann man sogar bis ans Wasser fahren, beispielsweise bei Auckengill. Für den besseren Überblick lohnt es sich unbedingt, eine Landkarte der Ordnance Survey mitzunehmen. Auf die erste Ortschaft trifft man 16 Kilometer von Duncansby Head entfernt am nördlichen Ende der Sinclair's Bay. Keiss ist zwar kein besonders malerischer Ort, bietet jedoch zumindest ein Hotel, einen Laden und einen winzigen Fischereihafen.

Romantisches Keiss Castle

Eine Touristenattraktion ist die rund 1,5 Kilometer außerhalb von Keiss gelegene Ruine von Keiss Castle. Die beeindruckende Burg wurde direkt ans Meer auf einer Steilklippe gebaut und war schon im frühen 18. Jahrhundert baufällig. Wegen eines Erbstreits stand sie viele Jahre leer, zudem wurde sie von den Nordseewinden schwer gebeutelt. Ein zweites Schloss wurde in Sichtweite landeinwärts im Scottish-Baronial-Stil erbaut und 1866 an den Herzog von Portland verkauft.
Um die Ruine zu besichtigen, muss man bis zum Hafen fahren und dann ungefähr einen Kilometer an der Küste zu Fuß gehen. Auf keinen Fall darf man sie betreten, da sie inzwischen stark einsturzgefährdet ist. Man kann jedoch immer noch erkennen, dass sie einst ein höchst elegantes Bauwerk mit zwei Türmen gewesen war.

Imposanter Ackergill Tower

Die Sinclair's Bay erstreckt sich in Richtung Süden von Keiss bis zum Ackergill Tower, einer sehr gut erhaltenen mächtigen Burg aus dem frühen 16. Jahrhundert, die ebenfalls direkt am Meer gebaut ist. Die fünfstöckige Burg wurde erst 1986 als bewohntes Schloss verkauft und zu einem Luxushotel umfunktioniert. Inzwischen hat es neue Besitzer, die es für Veranstaltungen und Hochzeiten vermieten. Der wunderschöne weiße Sandstrand ist natürlich eine zusätzliche Attraktion.
Die Sinclair's Bay erstreckt sich noch über Ackergill hinaus und endet erst an einer weiteren Burgruine hoch oben auf einem Felsen. Castle Sinclair Girnigoe aus dem späten 15. Jahrhundert war eine der ersten Burgen des Clans Sinclair. Sie wurde 1690 von einem gewissen George Sinclair of Keiss zerstört, der sie an einen Campbell of Glen Orchy verloren hatte.

CASTLE OF MEY

Hoch oben im äußersten Norden Schottlands steht das Castle of Mey, das 1952 von der Queen Mother gekauft wurde. Sie war Schottin und liebte die Einsamkeit Nordschottlands – ganz im Gegensatz zu Queen Victoria, die das malerisch gelegene Balmoral zu ihrer Sommerresidenz erklärte. Das Castle of Mey stammt aus dem 16. Jahrhundert und war damals vom 4. Earl of Caithness (so heißt die dortige Grafschaft) in Auftrag gegeben worden. Das Schloss blieb die Residenz der Earls of Caithness bis zum Ende des 19. Jahrhunderts. Prince Charles, der seiner Großmutter sehr nahestand, verbringt hier jeden Sommer eine Woche. Ansonsten ist das Schloss, das seit 2002 von einer Stiftung verwaltet wird, für die Öffentlichkeit zugänglich, außer, die königliche Familie braucht es. Selbstverständlich wohnt hier auch ein Geist. Der Überlieferung zufolge hatte sich die Tochter des 5. Earl of Caithness in einen Landarbeiter verliebt, wurde daraufhin von ihrem Vater eingesperrt und stürzte sich vor Kummer aus dem Fenster. Seitdem spukt sie im Schloss.

WEITERE INFORMATIONEN

Castle of Mey: www.castleofmey.org.uk

Die markanten Duncansby Stacks an der Nordküste gehören zu den eindrucksvollsten Felsformationen Schottlands.

33 Einmal unabhängig – am Dornoch Firth

Schottlands Drama und Stolz

Noch heute läuft vielen Schotten ein eiskalter Schauer den Rücken hinunter, wenn man den ersten Herzog von Sutherland erwähnt. Er vertrieb mit brutaler Härte die Lehnbauern von seinem Land und verschiffte sie in die weit entfernten Kolonien Kanada, Australien und Neuseeland. Die Bauern mussten Platz machen für die lukrative Schafzucht und für das Rotwild, das Jäger aus allen Teilen des Landes anlockte.

Das prächtige Dunrobin Castle ließ selbst gekrönte Häupter vor Neid erblassen (unten). Im 19. Jahrhundert wurde es von Charles Barry umgebaut, der auch das Londoner Parlamentsgebäude plante. Herrliche Ruhe findet man am kleinen Loch Fleet an der Ostküste (rechts).

Immer wieder wird man in Schottland an die Clearances erinnert, die Vertreibung der Landbevölkerung, mit der Platz für die wesentlich ertragreichere Schafzucht gemacht wurde. Die schlimmsten Clearances fanden in Sutherland statt. Hier lagen die Ländereien des Marquess of Stafford, einem der reichsten Männer des Vereinigten Königreichs. Die Clearances wurden für den Lord durch James Loch durchgeführt. Er nannte sie zunächst Improvements, also Verbesserungen. Loch stand mit Leib und Seele hinter seinem Auftrag und war überzeugt, dass sein Werk diesen einfältigen, faulen und nichtsnutzigen Menschen, als die er die Highlander betrachtete, nur zum Besten dienen würde. In vielen Fällen ließ er die Lehnbauern von ihren Häusern aus einfach an den Strand treiben, wo schon Emigrationsschiffe auf sie warteten. Das Ziel: Kanada, Australien oder Neuseeland.

Schottlands Prachtschloss

Für seine Verdienste wurde der Marquess of Stafford von König William IV zum 1. Duke of Sutherland erhoben. Brutalität und Grausamkeit hatten sich für ihn bezahlt gemacht. Die Sutherlands entwickelten sich im Lauf der Jahrzehnte zu Europas größten Großgrundbesitzern. Dunrobin Castle, seit 1275 Stammsitz des Clans, gehörte zu den opulentesten

Schlössern Europas. Bei seinem Anblick soll selbst Königin Victoria vor Neid erblasst sein. Schwer zu schätzen, was der erste Herzog von Sutherland wohl darüber denken würde, dass die Nachfahren der vertriebenen Lehnbauern heutzutage aus Kanada, Australien und Neuseeland anreisen, um sein prächtiges Schloss zu besichtigen. Es wird noch immer von der Familie bewohnt, ist aber wie fast alle Schlösser und Gartenanlagen der britischen Aristokratie von Anfang April bis Mitte Oktober für Besucher geöffnet. Dunrobin Castle gehört zu den ältesten, kontinuierlich bewohnten Häusern in Schottland und ist mit 189 Zimmern eines der größten und ohne Zweifel auch eines der eindrucksvollsten. In den Annalen des Clans Sutherland wird selbstverständlich auch der erste Herzog aufgeführt. Da heißt es schlicht über ihn: Er war ein »liberaler Reformer, verheiratet mit der Countess of Sutherland und verantwortlich für die Sutherland Clearances«.

Südlich vom Schloss kommt man am Loch Fleet vorbei zum Dornoch Firth. Die Meeresbucht reicht 35 Kilometer weit ins Land hinein und ist unter Ornithologen aus aller Welt wohlbekannt. In den dortigen Naturschutzgebieten lebt unter anderem der in Europa seltene Fischadler, überwintern Graugänse und Brachvögel, entdeckt man Alpenstrandläufer, Austernfischer und Krickenten.

Schottlands Unabhängigkeit

Das zwischen Loch Fleet und dem Dornoch Firth gelegene Dembo ist ein winziger, eher unbekannter Ort. Dennoch sorgte Dembo einmal für Schlagzeilen in den britischen Zeitungen, als es sich am 16. Juli 1988 vom Vereinigten Königreich trennte und für einen Tag für »unabhängig« erklärte. Die Aktion diente einem guten Zweck und sollte genug Geld einbringen, um die ehemalige und seit geraumer Zeit ungenutzte Grundschule in ein Gemeindezentrum zu verwandeln. Zu diesem Zweck wurde eine eigene Währung eingeführt: der Cuddie. Der Wechselkurs betrug zwei Cuddies zu einem Pfund. Die neue Währung wurde im einzigen Pub des Ortes, Grannies Heilan' Hame, für einen einfachen Clynelish Malt-Whisky akzeptiert. Die Besitzer der Brennerei im nahe gelegenen Brora hatten die Unabhängigkeitsbewegung unterstützt und damals sogar eine Sondersorte auf den Markt gebracht, The Spirit of Free Embo.

DORNOCH

Da existiert ein kleines Städtchen so vor sich. Es gibt hier seit dem 13. Jahrhundert eine Kathedrale, sogar ein ehemaliges Schloss und das alte Gefängnis. Der Ort erfreut sich aber auch des fragwürdigen Ruhmes, dass hier 1727 die letzte Hexe Schottlands hingerichtet wurde. Früher gab es auch noch eine Eisenbahnverbindung. Sie wurde 1960 stillgelegt. Dafür aber ist die Stadt stolz auf den Royal Dornoch Golfplatz und einen schönen Sandstrand. Doch am 21. Dezember des Jahres 2000 blickte plötzlich fast die ganze Welt auf Dornoch. Denn an diesem Tag ließ die amerikanische Popsängerin Madonna ihren Sohn Rocco in der Dornoch Cathedral taufen. Am nächsten Tag heiratete sie ganz in der Nähe den Engländer Guy Ritchie, seines Zeichens erfolgreicher Filmregisseur. Die Ehe hielt bis 2008. Dornoch gibt es noch heute. Und es ist einen Besuch wert. So wie das Dornoch Inn in der Mitte des Ortes. Es ist mehr als ein Pub, es ist eher ein Wirtshaus mit Restaurant und Imbiss. In einem separaten Gebäude befindet sich ein B&B.

WEITERE INFORMATIONEN

Dornoch Inn: Castle Street, Dornoch IV25 3SD, Tel. +44 (0)1862 810 376, www.dornoch-inn.com

Die Felsen am Strand von Rosemarkie auf der Black Isle wirken wie kleine Brüder der wuchtigen Felsen der West- und Nordküste (oben). Auf der Black Isle reicht der Blick über Felder und die Munlochy Bay bis zum Beauly Firth (rechts).

34 Idyllisches Burgenland – Black Isle

Keinesfalls düster

Ganz im Gegensatz zu ihrem düsteren Namen punktet die »Schwarze Insel« an der Nordseeküste bei Reisenden hauptsächlich durch ihren lieblichen Reiz. Auf der idyllischen Black Isle spielen Ackerbau und Viehzucht die Hauptrolle. Auf einer Fahrt über die Halbinsel kommt man immer wieder durch kleine Waldstücke und genießt die Aussicht auf Moray und Cromarty Firth.

Die Briten lieben die Bezeichnung »Insel«, auch wenn sie gar nicht passt. So verdient zum Beispiel Londons bekannteste Insel, die Isle of Dogs gegenüber von Greenwich, eigentlich noch nicht einmal den Namen Halbinsel, ist sie doch lediglich in einer Flussschleife der Themse gelegen. The Isle of Whithorn am Solway Firth und die Black Isle sind dagegen »echte« Halbinseln.

Zum roten Schloss des rauen Königs

Die Black Isle grenzt im Norden an den Cromarty Firth, im Südwesten an den Moray Firth und im Süden an den kleinen Beauly Firth. Dies jedoch nur am Rande, denn bekannt ist die Halbinsel durch ganz andere Dinge geworden, beispielsweise durch Castlecraig, Kilcoy Castle, Kinkell Castle und viele weitere Burgen und Burgruinen. Das heute verlassene Redcastle in Killearnan geht auf das Jahr 1179 zurück und wurde von William The Lion erbaut. Der »Löwe«, im Volksmund auch »das Raubein« genannt, herrschte von 1165 bis 1214 als König von Schottland. Damit war er bis zum Zusammenschluss der beiden Kronen der am längsten regierende schottische Monarch. Das königliche »rote Schloss« war bis in die 1950er-Jahre in Betrieb und somit eines der ältesten bewohnten Häuser in Nordschottland. Selbst Mary, Queen of Scots, soll sich dort aufgehalten haben. Es war im wörtlichen Sinn »a castle fit for a queen«.
In früheren Zeiten bot die Black Isle große strategische Vorteile. Heute bezaubert das

Gebiet Besucher vor allem mit seiner sanften Landschaft. Hier reicht der Blick über weite Felder zu den Bergen in der Ferne, die weder allzu groß noch imposant sind. Die Region ist ein hübsches Beispiel für die Vielfalt Schottlands und ein wunderbares Erholungsgebiet. Den Charme der Halbinsel entdeckt man am besten, wenn man sich auf schmalen Landstraßen und Feldwegen einfach treiben lässt und unterwegs zu den Küsten durch kleine Wälder fährt, Weiden und Felder passiert.

Uraltes Brauchtum

Black Isle blickt auf eine bewegte Geschichte zurück, denn selbst hier, in dieser bäuerlichen Idylle, wüteten die Clearances. Sie war eines der ersten Gebiete der Northern Highlands, aus denen die heimische Bevölkerung vertrieben wurde, um Schafhirten aus den Lowlands Platz zu machen. Vom Ende der Munlochy Bay reicht der Blick Richtung Süden über den Moray Firth bis zum gegenüberliegenden Ufer. Dort liegen Inverness, die Hauptstadt der gälischen Highlands, und das Culloden Battlefield, wo die Jakobiten bekanntlich ihre letzte Verzweiflungsschlacht gegen die Engländer verloren und den Traum von Unabhängigkeit aufgeben mussten.
Unweit der Munlochy Bay findet man in der Nähe von Munlochy ein historisches Relikt der besonderen Art: ein Clootie Well oder »Lumpenbrunnen«. Clootie Wells sind vorchristliche Kultstätten, die auf den Britischen Inseln vor allem in ehemaligen keltischen Siedlungsgebieten zu finden sind. Neben den Brunnen oder Quellen stehen sogenannte *rag trees* (Lumpenbäume), an die man Textilien, Tuchstreifen oder Kleidungsstücke hängt, wenn sich ein Wunsch erfüllen soll – in der Regel bittet man um die Heilung von einer Krankheit für sich oder andere Menschen. Bis Ende des 19. Jahrhunderts soll es diesen Kult zum Beispiel auch bei Börfink im Hunsrück an der gefassten Quelle »Guter Born« gegeben haben. Im Vereinigten Königreich existieren bis heute mehrere solcher keltischen Kultstätten. Sie sind heute jedoch eher »Schandflecken«, weil die Bittsteller häufig synthetische Kleidungsstücke an die Bäume hängen, die sich nicht nach einer Weile auflösen.

DELFINE AM CHANONRY POINT

Man übe sich in Geduld, wenn man die lange Landzunge Chanonry Ness betritt, die von der Black Isle wie eine Lanze in den Moray Firth sticht. An der Spitze angekommen, sieht man eine Tafel, die darauf hinweist, dass man hier Delfine beobachten kann. *Bottlenose dolphins* heißen die Großen Tümmler auf Englisch, die vor der Landspitze zur Freude der Besucher ihre Spielchen treiben. Der Chanonry Point ist einer der besten Orte im Vereinigten Königreich, um das ganze Jahr hindurch Delfine zu sehen. Vor allem zu Beginn einer Flut kommen sie in die Nähe des Strandes, um zu fischen. Konkurrenz machen ihnen nur Robben und Schweinswale. Alle drei finden die hiesigen Gewässer besonders interessant, wenn der Lachs in den Moray Firth schwimmt. Der Chanonry Point ist mit dem Auto erreichbar, während der Hochsaison geht man jedoch besser zu Fuß und lässt sein Gefährt zum Beispiel in Rosemarkie stehen. Von dort sieht man schon den Leuchtturm am Chanonry Point.

WEITERE INFORMATIONEN

Delphine beobachten:
www.moraydolphins.co.uk/watch/chanonry-point.html

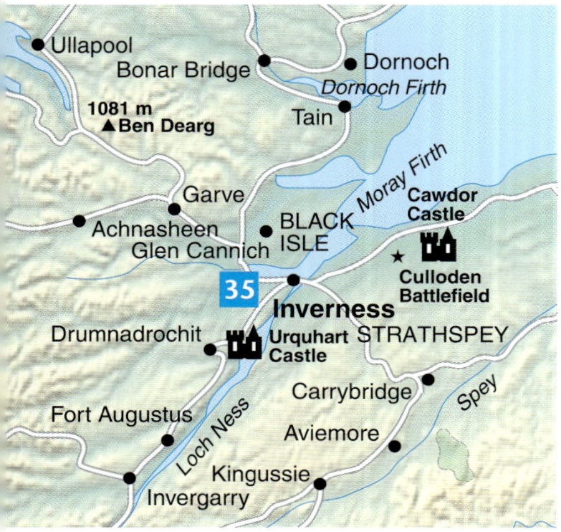

35 Ungeheuerlich – Glen Cannich und Loch Ness

Nessies Welt

Fährt man kilometerweit in eine Sackgasse, um am Ende wieder umzudrehen, oder lässt man dies bleiben? In den Highlands kommen Besucher nicht selten ins Grübeln, wenn sie eine scheinbar unsinnige Entscheidung treffen sollen. Doch natürlich sollte man die Fahrt wagen. Sonst würde man zum Beispiel nicht die schöne Strecke von Cannich durch das Glen Cannich zum Loch Mullardoch entdecken.

Als Juwel in der Highland-Krone gilt das Glen Cannich. Nicht so breit wie eine Strath, schlängelt sich das Tal mithilfe des Cannich River vom Staudamm des Loch Mullardoch in Richtung Nordsee. Hin und wieder taucht eine kleine Gruppe Fichten auf, säumen mickrige Birken den Straßenrand. Die Berge abgeflacht, ganz selten ein kleiner Bauernhof, winzige weiße Häuschen und Ställe. Auch hier erzählen die Alten, dass im Tal bis zu den Zeiten der Clearances viele Menschen gelebt haben. Heute sieht man nur noch Ruinen. Einige der verlassenen *crofts* werden inzwischen allerdings als Ferienhäuser genutzt.
Kein Wunder, dass Besucher, die zum ersten Mal in dieses Tal kommen, von einem Gefühl der Einsamkeit überwältigt werden. Die Strecke von Cannich zum Staudamm ist 14 Kilometer lang. Und wie so oft in den Highlands handelt es sich auch hier um eine Sackgasse. Trotzdem ist auch die Rückfahrt ein Erlebnis. Wenn man wieder in dem winzigen Örtchen Cannich ankommt, fühlt man sich nach der Stille des Tals wie in einer Großstadt. Hier mündet der River Cannich in den River Glass, der seinerseits in den River Beauly fließt. Dieser windet sich über viele Kilometer und mündet schließlich bei der Black Isle in den Beauly Firth. Von Cannich führt eine Straße nach Drumnadrochit am Loch Ness und zu einem der meistfotografierten Motive Schottlands, dem Urquhart Castle.

Der River Cannich im Glen Cannich fließt durch eine großartige Landschaft mit unbeständigem Wetter (unten). Der Caledonian Canal – hier die Schleuse bei Fort Augustus – brachte nicht den erhofften wirtschaftlichen Erfolg und wird heute von Ausflugsschiffen und Sportbooten genutzt (rechts).

Loch Ness und sein Ungeheuer

Loch Ness ist 37 Kilometer lang und ein Teil des Caledonian Canal. Mit einer Oberfläche von 56 Quadratkilometern ist der eindrucksvolle See nach Loch Lomond der größte in Schottland und mit einem tiefsten Punkt von 230 Metern nach Loch Morar auch der tiefste. Der See bietet somit dem Fabelwesen »Nessie«, dem Ungeheuer von Loch Ness, viel Raum. Sicherlich könnten hier sogar zwei Ungeheuer leben, aber die Rede ist merkwürdigerweise immer nur von einem dinosaurierähnlichen Monster.

Nessies Legende reicht in der Geschichte Schottlands weit zurück und spielte schon eine Rolle, als der heilige Columban von Iona 563 nach Schottland kam, um das Christentum zu verbreiten. Der Missionar war zwar nicht der Erste, der das Ungeheuer von Loch Ness mit eigenen Augen gesehen haben wollte, aber doch der Erste, dessen Begegnung mit Nessie in den Annalen festgehalten wurde. Sein Biograf Adamnan schildert, dass Columban am Loch Ness weilte und wieder einmal intensiv damit beschäftigt war, einigen Pikten das Christentum näherzubringen. Als Columban und seine Gefolgsleute den River Ness an der Stelle überqueren wollten, wo heute die Stadt Inverness liegt, gewahrten sie einen piktischen Trauerzug. Der Tote, so erfuhren sie, war trotz der Rettungsversuche seiner Freunde von einem Wasserungeheuer mit einem fürchterlichen Schlag getötet worden. Columban bestand dennoch darauf, den Fluss zu überqueren. Er bat deshalb einen seiner Anhänger, auf die andere Flussseite zu schwimmen und einen Kahn zu holen, der dort am Ufer lag. Als sich der Mann gerade in der Mitte des Flusses befand, sah ihn das Ungeheuer und schwamm mit großem Gebrüll und weit geöffnetem Maul auf ihn zu. Es wollte gerade zubeißen, als Columban einschritt und dem Untier Einhalt gebot. Er schlug das Kreuz und rief mit fester Stimme: »Think not to go further nor touch thou that man. Quick! Go back!« (»Halt an und rühr' den Mann nicht an. Schnell! Zurück!«) Das Ungeheuer muss so verblüfft gewesen sein, dass es von seinem Opfer abließ und das Weite suchte. Erst 1933 wagte es wieder, sich zu zeigen. Seither taucht es vor allem in der Saure-Gurken-Zeit in regelmäßigen Abständen in der Weltpresse auf.

GLEN AFFRIC NATURE RESERVE

Glen Affric wird oft als das Herz Schottlands bezeichnet. Es ist auf jeden Fall ein Tal von überwältigender Schönheit. Der River Affric ist an manchen Stellen so breit, dass er kleinere Seen mit winzigen Inseln bildet. Zusammen mit den bewaldeten Berghängen, die bis ins Wasser reichen, ergibt sich ein Bild natürlicher Harmonie. Im Hintergrund wachen kahle Berge, von denen viele über 1000 Meter hoch sind. Wohin man im Tal auch blickt, sieht man Waldkiefern – im Glen Affric hat sich mit der größte Bestand der *Scots Pine* erhalten. Mancher Ausblick erinnert an chinesische oder japanische Gemälde. Wenn man Glück hat, trifft man auch auf stolzes Rotwild, das aus Bequemlichkeit, so scheint es, die Straße benutzt. Über den kleinen Seen fliegen Fisch- und Steinadler. Im Jahr 2001 wurde das Tal zum staatlichen Naturschutzgebiet und Gebiet von außergewöhnlicher landschaftlicher Schönheit deklariert. Auch im Glen Affric lebten früher Kleinbauern, die sich mit Subsistenzwirtschaft und Viehzucht ihren kärglichen Lebensunterhalt erwirtschafteten. Die Clearances machten dem ein Ende.

WEITERE INFORMATIONEN

Glen Affric & Strathglass:
www.glenaffric.org

Im Gegensatz zu Schottlands sonstigen Burgen wurde das Castle of Wick von Wikingern erbaut.

36 Der »alte Mann« – zum Castle of Old Wick

Auf der A99 zur Wikingerburg

Das einst imposante Castle of Wick wurde von den Wikingern erbaut, als der norwegische König noch über große Teile des hiesigen Festlands und der Inseln herrschte. Die sonstige Geschichte der heute verfallenen, doch sehenswerten Burg liegt völlig im Dunklen.

Die A9 ist eine der interessantesten Straßen Schottlands. Sie führt von Dunblane über Perth, Dunkeld, Pitlochry, Blair Atholl, Aviemore, Inverness und Tain nach Thurso, ab Dunrobin Castle folgt sie der Nordseeküste. Rund 140 Kilometer nördlich von Inverness gabelt sich die Straße in dem Dorf Latheron. Die A9 führt von dort weiter über Land nach Thurso an der Nordküste, die A99 in Küstennähe über eine Hochebene mit satten Weiden in das 25 Kilometer entfernte Wick und weiter nach John o'Groats.

Kurz vor Wick, wo man die Geschwindigkeit auf 30 Meilen drosseln muss, führt eine Straße, eigentlich ein Feldweg, zur Küste. Kein Schild verrät etwas über die unscheinbare Ruine auf einem Felsvorsprung an diesem Teil der Nordseeküste. Castle of Old Wick ist Schottlands am besten erhaltene Ruine einer Wikingerburg. Es muss einst eine gewaltige Burg gewesen sein, ein beinahe quadratisches Bauwerk, das vier Stockwerke hoch war. Auf der zweiten Etage ist noch der Kamin zu erkennen. Die Burg wurde vermutlich im 12. Jahrhundert erbaut – das Castle ist damit eine der ältesten Burgen Schottlands. Damals herrschten die Könige Norwegens sowohl über Caithness und Sutherland als auch über die Western Isles.

Über die Geschichte der Burg ist leider nur wenig bekannt. Man weiß aber, dass sie während der Unabhängigkeitskriege von Sir Reginald le Cheyne gehalten wurde, der den König von England unterstützte. Die Einheimischen nennen die Ruine »The Old Man of Wick«. Archäologen vermuten, dass in direkter Nähe noch andere Gebäude gestanden haben. Bisher hat man sich aber noch nicht an weitere Ausgrabungen gemacht.

37 Im Anflug – Falkner auf Dunrobin Castle

Falkner Andy Hughes bei der Arbeit. Als meisterhafte Jäger üben Greifvögel eine große Faszination aus.

Von der Beizjagd zum Besuchermagneten

Viele Burgen und Schlösser Schottlands gehören heute dem National Trust for Scotland . Die schottische Denkmalschutzbehörde muss sich ständig neue Attraktionen einfallen lassen, um Besucher anzulocken.

Kaum eine alte Burg in Schottland kann heute ohne die Eintrittsgelder ihrer Besucher erhalten werden. Dafür muss aber natürlich auch einiges geboten werden. Ein Souvenirshop oder ein Tea Room reichen da oft nicht aus. Das wissen auch die Besitzer und der National Trust, der für Denkmalschutz zuständig ist und sich um die Erhaltung des historischen Erbes bemüht. Dazu zählen nicht nur Schlösser und Burgen, sondern auch Gärten, Forste, Wanderwege und Küstenstreifen. Um die Attraktivität der verschiedenen Sehenswürdigkeiten zu steigern, unterstützt der National Trust zahlreiche Projekte und hat mancherorts auch die Falknerei wieder bekannt gemacht.
Die Beizjagd mit Falken hat in vielen Ländern der Welt eine lange Tradition. Ein Zeugnis hierfür ist beispielsweise in Deutschland das bekannte Bild von Konradin von Hohenstaufen auf der Beizjagd aus dem 13. Jahrhundert. Für bestimmte Länder wurde die Falknerei sogar von der UNESCO zum immateriellen Kulturerbe erklärt.
Im Vereinigten Königreich werden Falken heute vor allem an Flughäfen eingesetzt, um Vogelschwärme zu vertreiben, oder in Innenstädten, um den Tauben das Fürchten zu lehren. Ansonsten ist die Falknerei in Großbritannien kein Sport, sondern eine Show. In Dunrobin Castle zeigt der Falkner zweimal täglich seine Künste. Seine Wanderfalken und der majestätische Steinadler kommen auch in den Highlands wild vor. Der Europäische Uhu dagegen ist in Schottland etwas Besonderes. Auf die Besucher üben die Greifvögel eine ungeheure Faszination aus. Diese Vögel haben einfach etwas Edles an sich. Früher diente die Beizjagd dazu, den Speiseplan der Menschen anzureichern.

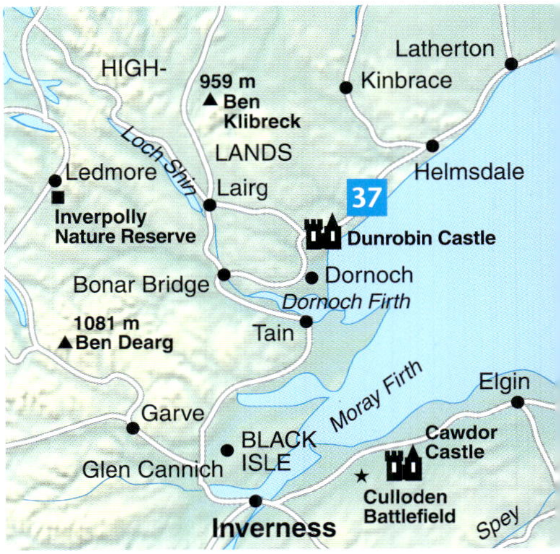

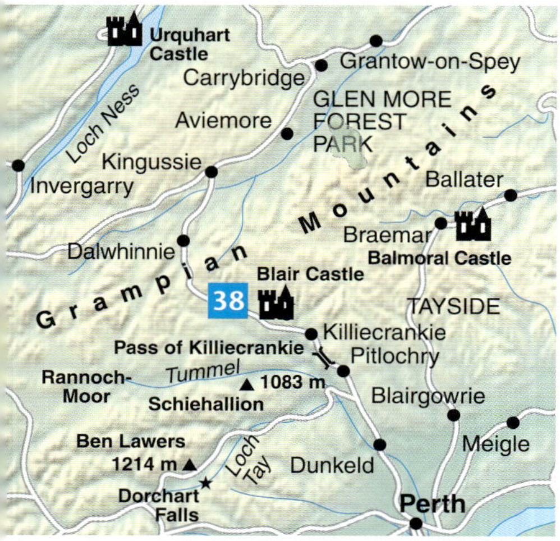

38 Bei den Highland Games – Blair Castle

Schwerttänzer und Bäumewerfer

Traditionelle Folklore oder Touristennepp? Das ist bei den Highland Games im schottischen Hochland gelegentlich schwer zu entscheiden, doch viele Schotten betrachten diese »Gatherings« tatsächlich als Ausdruck ihrer Kultur. Interessant und unterhaltsam sind die Vorführungen allemal. Selbst die königliche Familie besucht sie jedes Jahr in Braemar – die Männer selbstverständlich im Kilt.

Stechginstersträucher bilden häufig die einzigen Farbflecken in der schottischen Landschaft (unen). Blair Castle ist ohne Zweifel eines der eindrucksvollsten Schlösser Schottlands (rechts oben) und das einzige mit einer Armee von Highländern (Highland Guard) (rechts unten).

Dass die Schotten eine Nation von kräftigen Männern sind, die bei ihren Highland Games mit Baumstämmen um sich werfen, während zarte Mädchen in hübschen Tartan-Röcken elegant über Schwerter tanzen, weiß die ganze Welt. Was die Männer da im Unterhemd, einem bunten Rock, weißen Kniestrümpfen und derben Stiefeln veranstalten, nennt sich *tossing the caber*. Der *caber* ist gewöhnlich eine Lärche, genau 5,94 Meter lang und 79 Kilogramm schwer. Aber der *thrower* darf den Baum nicht einfach so weit wie möglich werfen. Er muss den *caber* so werfen, dass er sich überschlägt und nach Möglichkeit direkt vor dem Werfer wieder hinunterfällt. Jeder *thrower* hat drei Versuche. Andere Herausforderungen sind das Steinwerfen – *putting the stone* – und *throwing the hammer*. Dabei wird ein Eisengewicht rücklings so über eine Stange befördert, dass der Hinterkopf nur um Haaresbreite verfehlt wird. Die Steine und Eisengewichte wiegen im Übrigen bis zu zehn Kilogramm und können nur von großen, kraftstrotzenden Männern geworfen werden. Demonstriert wird dies jeden Sommer hauptsächlich im August und September bei den rituellen Spielen der schottischen Muskelmänner, den Highland Games oder Highland Gatherings. Die grazile Leichtfüßigkeit, mit der diese Riesen jedoch auch den *seann truibhas* oder den Schwerttanz *ghillie calum* in Ballettschuhen tanzen können, sorgt immer wieder für Erstaunen.

Laut und schnell

Diese Sportarten sind wohl uralt, denn schon die Römer meinten, die Schotten seien ein wil-

des, barbarisches Volk. Höhepunkt einer jeden Veranstaltung ist aber zweifellos die Parade der Massed Pipes and Drums, der Dudelsack-Kapellen. Nirgendwo ist dieser Aufmarsch größer als in Dunoon, wo am Abend immer 1000 Dudelsackspieler auf dem Sportplatz einziehen. Die Highland Games, die früher mehr oder weniger ernste Kraftproben zwischen verschiedenen Clans waren, sind heute eine Gelegenheit für Schotten aus aller Welt, zusammenzukommen, Gedanken auszutauschen und die neuesten Nachrichten über ihren jeweiligen Clan zu erfahren. Sie sind ohne Zweifel kommerzialisiert, aber sie sind trotzdem echt. Ihr Ursprung ist verschwommen. Manche Quellen lassen aber darauf schließen, dass die ersten Braemar Games im 11. Jahrhundert von König Malcolm Canmore organisiert wurden. Ursprünglich wurden dabei die schnellsten Läufer ermittelt. Denn Geschwindigkeit in der Nachrichtenübermittlung war schon damals von größter Wichtigkeit.

Märchenschloss mit Privatarmee

Eindrucksvolle Highland Games finden beim Atholl Gatering alljährlich Ende Mai nördlich von Perth statt. Dort steht am River Garry, der 1689 noch ein tosender Wildbach war, ein weißes Märchenschloss mit vielen Zinnen, Türmchen und Giebeln in einem wunderschönen Park: das weiße Stammschloss der Dukes of Atholl. Scottish Baronial heißt der Baustil des Blair Castle, dessen Geschichte 1269 beginnt. Als der 10. Duke of Atholl 1996 starb, zählte er zu den fünf führenden Großgrundbesitzern Schottlands, hatte aber Schloss und den Großteil seiner Ländereien in eine wohltätige Stiftung umwandeln lassen. Durch diesen Akt entgingen seine Nachfahren der Erbschaftssteuer. Es wurde aber gleichzeitig gewährleistet, dass das gestiftete Besitztum für immer unter schottischer Kontrolle blieb. Der 11. Duke zeigte allerdings kein großes Interesse, das Erbe seines Vaters anzutreten. Er wurde in Südafrika geboren und starb dort auch 2012. Dessen Sohn, der 12. Herzog, lebt heute noch auf dem fernen Kontinent. Das Schloss begeistert also in erster Linie Besucher, vor allem natürlich, wenn es mal wieder Zeit ist für ein Atholl Gathering. Dann marschieren unter anderem auch die Atholl Highlanders auf, die einzige europäische Privatarmee, die von der Europäischen Union als legal anerkannt wird.

LOCH TUMMEL UND UMGEBUNG

Loch Tummel in der Nähe von Pitlochry ist ein lang gestreckter, schmaler See zwischen bewaldeten Hügeln, der 1950 als Teil des Tummel Hydro-Electric Scheme aufgestaut wurde. Der ruhige See wird von Besuchern auch wegen seiner wunderschönen Ausblicke über die Landschaft geschätzt. Am berühmten Aussichtspunkt Queen's View ließ sich 1866 Königin Victoria von dem herrlichen Blick auf den See, eine kleine Insel und das weitläufige Tal bis zum eindrucksvollen Schiehallion in Verzückung versetzen. Das ist die von der Königin selbst kolportierte Geschichte. Andere behaupten, dass der Name des Aussichtspunktes auf Robert the Bruce's Gattin Königin Isabella of Scotland zurückgeht, die den Blick über den See gut 500 Jahre früher genoss. Heute ist der Aussichtspunkt mit einer richtigen Besucherplattform ausgestattet. Und, ja, der Blick ist wunderschön und gehört zu Recht zu den beliebtesten Motiven von Schottlandreisenden.

WEITERE INFORMATIONEN

Blair Castle: Blair Atholl, Pitlochry, PH18 5TL, Tel. +44 (0)1796 481 207, www.blair-castle.co.uk

Im Cairngorms National Park sollte man auf jeden Fall das Auto gegen Wanderschuhe eintauschen (oben). Das gelockte Fell der urigen Galloway-Rinder kann rotbraun, schwarz oder falb sein (rechts).

39 Für Outdoorfans – die Grampian Mountains

Wo die wilden Pilze wachsen

Die Grampians sind ein Gebirge mit mächtigen Gipfeln. Diese Berge nehmen fast die Hälfte der schottischen Landfläche ein. In den Grampians liegt eines der wenigen Skigebiete des Vereinigten Königreichs, doch sind seine Berge vor allem das Ziel von Wanderern und Bergsteigern. Sie erkunden die Grampians auf Wegen und Steigen der unterschiedlichsten Schwierigkeitsgrade. Darüber hinaus findet man aber kaum Menschen in den Grampians. Größere Siedlungen sucht man vergeblich.

Die Grampian Mountains, kurz Grampians genannt, gehören zu den drei großen Bergketten der Highlands. Zu ihnen zählen auch die Cairngorms sowie die Lochaber Hills und die beiden höchsten Berge Schottlands, Ben Nevis und Ben Macdui.

Schlicht verschrieben

Es heißt, dass schon die Römer bis hierher vorgedrungen seien. So berichtet Tacitus von der Schlacht am Mons Graupius, die wohl 83 oder 84 n. Chr. ausgetragen wurde und mit einem Sieg der Römer endete. Historiker streiten sich darum, wo diese Schlacht stattgefunden hat, ja sogar, ob es sie überhaupt gegeben hat. Angeblich aber kam es dazu, weil Gnaeus Iulius Agricola seine Flotte ausgesandt hatte, um den aufmüpfigen Kaledoniern ein bisschen Respekt einzuflößen. Bis dahin hatten es die Römer nämlich nicht geschafft, die Kaledonier zu unterwerfen. Nach der Schlacht vom Mons Graupius hat sich das dann wohl geändert.

Trotzdem geht der Name Grampians eher auf einen kleinen Schreibfehler als auf die Römer zurück. Der schottische Historiker, Hector Boecee, wollte 1520 eigentlich wohl den Namen Grampius schreiben und vertat sich dabei ein wenig. Genauso unklar wie der Ursprung des Namens ist auch der Verlauf des Gebirges an sich. Den meisten Schotten genügt deshalb die Erkenntnis, dass die Grampians einfach ein

großes Gebirge und damit ein ideales Gebiet für Wanderer, Spaziergänger, Skifahrer oder Angler, kurz für Outdoor-Fans jeden Alters sind.

Süßwasserperlen

Von Süden her schlängelt sich die A9 zwischen Pitlochry über Kingussie um die Grampians und den Cairngorms National Park herum nach Aviemore. Auf der östlichen Seite verbinden die A93 und 939 die schottische Residenz der Monarchin, Braemar mit Ballater und Tomintoul, einem Ort, der jeden Winter als Erster in Schottland einschneit und damit regelmäßig Schlagzeilen macht. In einer so vielseitigen Region kann man einfach irgendwohin ins Blaue fahren, enttäuscht wird man nie. Wer trotzdem Tipps braucht, sollte sich an die Initiative »Keep Scotland Beautiful« halten. Diese vergibt jedes Jahr auch einen Preis für den schönsten Strand in Schottland. Vor einiger Zeit war Loch Morlich der erste Süßwassersee, der sich mit dieser Auszeichnung stolz schmücken konnte. Rund 300 Meter über dem Meeresspiegel gelegen, ist sein Strand zugleich der höchstgelegene schottische Strand, der jemals preisgekrönt wurde.

Ein anderes kleines Juwel ist der »See mit der Insel«, Loch an Eilein, in der Nähe von Aviemore. Er lockt vor allem Spaziergänger und Naturfreunde an. Auf der Insel steht die Ruine einer kleinen Burg aus dem 15. Jahrhundert, die einst Alexander Stewart, dem Wolf von Badenoch, gehörte. Damals war die Insel noch über einen Damm zu erreichen. Damit war es vorbei, als im 18. Jahrhundert der Wasserspiegel angehoben wurde. 1690 belagerten Jakobiter auf der Flucht vor englischen Soldaten den Berg, aber ohne Erfolg.

Wild essen

Nach wie vor aber kommen Spaziergänger und Wanderer in den Cairngorms in kulinarische Genüsse, von denen sie auf dem europäischen Kontinent oft nur noch träumen können. Die Wälder sind voll von Beeren, Wildpflanzen und Pilzen, die nur darauf zu warten scheinen, von Besuchern geerntet und verspeist zu werden. Schier unglaublich ist die Fülle an gelb leuchtenden Pfifferlingen, nur allzu verlockend der Anblick von rot glänzenden Himbeeren. Die Briten wussten jahrzehntelang nichts mit diesen Schätzen anzufangen. Erst allmählich finden sie Gefallen daran, die freie Natur nach essbaren Köstlichkeiten abzusuchen. *Foraging* nennt sich dieses Hobby, das zwar an Beliebtheit zunimmt, die schottischen Wälder aber noch nicht leer geräumt hat.

DER GÖTTLICHE FLUSS DEE

Über eine Strecke von 140 Kilometern fließt der Dee von den Cairngorm Mountains durch das Strathdee bis zur Nordsee bei Aberdeen. Kurz nach der 1220 Meter hoch gelegenen Quelle rauschen die ersten Wasserfälle und bei Inverey die unter Schottlandbesuchern beliebteste Stromschnelle, Linn of Dee. Da der obere Verlauf des Flusses in der Nähe von Balmoral Castle vorbeifließt, der schottischen Sommerresidenz der königlichen Familie, heißt dieses Gebiet Royal Deeside. Schon die Römer hatten den Verlauf des Dee auf ihren Karten verzeichnet. Sein von Ptolemäus verzeichneter Name Deva, »Göttin«, deutet daraufhin, dass schon die ursprünglichen schottischen Bewohner dem Fluss göttliche Kräfte zuschrieben. Die A93 von Aberdeen bis zum 90 Kilometer entfernten Braemar führt durch eine abwechlungsreiche Landschaft. Unterwegs sollte man sich Zeit lassen und immer wieder aussteigen. Gleiches gilt für den folgenden Abschnitt der A93 bis Perth, der weitere 80 interessante Kilometer verspricht.

WEITERE INFORMATIONEN

Holiday Cottages und B&Bs: Guter Ausgangspunkt für den Cairngorms National Park!, Kingussie, PF21 1NR, Tel. +44 (0)1540 662 328, www.ruthvensteadings.co.uk

Die Edradour Distillery in Pitlochry nennt sich selbst die kleinste Brennerei Schottlands (oben). Aviemore ist nicht nur ein Paradies für Skifahrer, Wanderer und Fischadlerfreunde, sondern auch für Liebhaber alter Dampfloks (rechts oben). Dieses Cottage außerhalb von Pitlochry beweist die Liebe der Schotten für Pflanzen und Blumen (rechts unten).

40 Heimat berühmter Whiskys – Strathspey

Mit Volldampf zur Whiskyhauptstadt

Als 2014 ein japanischer Whisky zum besten Single Malt der Welt gekürt wurde, ging ein ungläubiges Staunen um die Welt. Die Freunde des schottischen Nationalgetränks hielt das aber nicht davon ab, weiterhin die Brennereien zu besuchen und die zahllosen Sorten so weit wie möglich zu verkosten. Besonders leicht fällt dies in Strathspey, liegen doch in dieser Region die meisten Whisky-Brennereien.

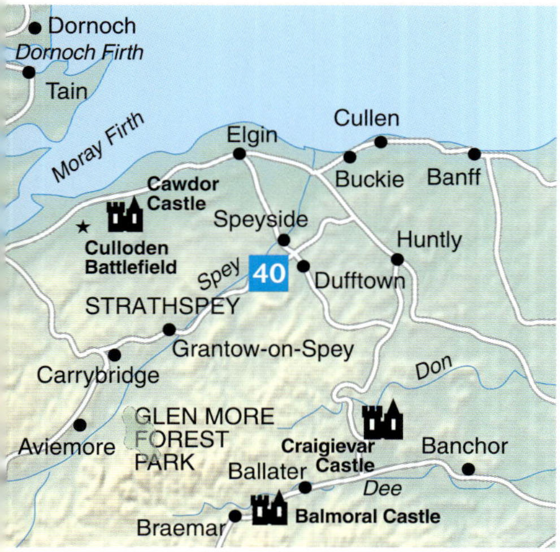

Anfang November 2014 erlebte Schottland einen absoluten Schock, als ein führender Whisky-Experte einen japanischen Single Malt zum besten Whisky der Welt erklärte. Das Wundergetränk stammte aus der Brennerei Suntory. 1000 von insgesamt 4500 Sorten soll dieser Experte probiert haben. Als sein Urteil bekannt wurde, meinte ein Schotte erschüttert: »Zuerst das ›No‹ beim Unabhängigkeits-Referendum und jetzt das. In den Glens werden viele Tränen fließen.«

Lebenswasser für die Engel

Schon für den Normalverbraucher ist die Entscheidung schwierig, welche Sorte er im Pub denn wohl bestellen sollte. Fast immer werden gleich mehrere Dutzend Whiskys angeboten, sodass die Qual der Wahl oft eine persönliche Sache ist. In einem sind sich aber alle Schotten einig: Sie wissen, dass der Garten Eden auf den westlichen Inseln lag und dass die Sprache von Adam und Eva Gälisch war. Nicht ohne Grund stammt ja auch das Wort Whisky vom gälischen *uisge beatha*, »Wasser des Lebens«, ab. Das ändert aber nichts an dem Streit, ob reiner Malzwhisky oder *blended* (verschnittener) Whisky als die höchste Kunst des Whiskybrennens betrachtet werden sollte. Der wahre Experte lässt nichts auf seinen Single Malt Whisky kommen. Aber man sollte trotzdem nicht vergessen, dass Whisky niemals weltweit eine solche Prominenz unter den bedeutendsten alkoholischen Getränken erzielt hätte, wenn nicht die Kunst des Blending von Highland-, Islay-

46512
E.V. COOPER ENGINEER
60B
46512

Scottish

Das Wort Whisky leitet sich vom gälischen *uisge beatha* ab. Das »Lebenswasser« bereitet auch dem Staatssäckel große Freude (links). Überall in den Highlands trifft man auf die Ruinen von alten Crofter Cottages (rechts).

und Lowland-Malzwhisky mit gutem Kornwhisky entwickelt worden wäre. Pure Malt oder Single Malt ist der ursprüngliche schottische Whisky, der noch heute genauso gebrannt wird wie vor hunderten von Jahren. Der Unterschied zwischen heute und früher besteht hauptsächlich im Produktionsausstoß und im Alter des Destillats. Früher konnten die illegalen Brenner nicht warten, tranken den

Whisky direkt vom Fass, mit all seinen Verunreinigungen. Heute reift Malt Whisky jahrelang in Holzfässern, aus denen alljährlich Millionen Liter in der schottischen Luft verdunsten. Der Volksmund nennt das *the Angels' Share*, den Anteil, der den Engeln zusteht.
Offiziell muss ein schottischer Whisky drei Jahre reifen, aber die meisten Malt-Whisky-Sorten reifen bis zu zwölf Jahre und werden gerade dadurch samtweich. Es gibt zwar Whiskys, deren Etiketten stolz erklären, der Inhalt sei 20, ja 25 Jahre alt, aber die wahren Experten sind der Ansicht, dass Whisky nach zwölf Jahren nicht mehr merklich besser wird. Auseinander gehen auch die Meinungen darüber, wie man Whisky trinken sollte. Wobei es allerdings nur zwei Möglichkeiten gibt: *neat* (pur) oder mit ein bisschen Wasser. Viele glauben, dass erst das Wasser den wahren Geschmack des Whiskys herausbringt. Einig ist man sich aber auf jeden Fall darin, dass man dieses edle Getränk auf keinen Fall »on the rocks« trinken oder mit irgendwelchem Firlefanz mischen sollte.

Jahrhundertealte Brennkunst

Die Kunst des Destillierens hatte eine lange Reise hinter sich, bevor sie in Schottland ankam – von China über den Nahen Osten nach Frankreich und Irland und von dort schließlich zunächst zum Mull of Kintyre. Das haben wir wohl den Kelten zu verdanken. Es dauerte dann nicht lange, bis der Fiskus erkannte, dass die Besteuerung des Destillats eine gute Einnahmequelle bot. Seit der Whisky 1644 mit einer Steuer belegt wurde, begann ein 200-jähriger Kleinkrieg zwischen illegalen Whiskybrennern und dem Staat. Es waren raue Zeiten, in denen die Schotten erbittert dafür kämpften, selbst Whisky brennen zu dürfen. Allein in Edinburgh soll es im Jahr 1777 mindestens 408 Brennereien gegeben haben, von denen lediglich acht eine Lizenz besaßen. Man kann sich vorstellen, wie schwierig es war, illegale Brennereien in den unwirtlichen Highlands und auf den abgelegenen Inseln ausfindig zu machen. Aber die *excise men* hatten eine Beru-

fung. 1797 sollen 859 illegale Brennereien vernichtet worden sein. Dass es so viele gab, hatte auch etwas mit der Höhe der Steuer zu tun. 1823 gelang es einer Kommission, das Oberhaus in London zu überzeugen, durch eine vernünftige Besteuerung das Problem zu lösen. Das hat sich bewährt. Wurden 1823 noch 14000 illegale Brennereien entdeckt, waren es 1874 noch ganze sechs.

Korn und Malz – Gott erhalt's

Eine Erfindung von 1833 sollte Schottlands Whisky-Industrie einschneidend verändern. Ein pensionierter Steuerinspektor aus Irland meldete ein Patent an zum Brennen großer Mengen von Whisky aus einer Mischung von gemalzter Gerste, Roggen und Mais. Eine Brennerei konnte nach diesem Patent des kontinuierlichen Destillierens in einer Woche so viel herstellen wie eine Malzbrennerei in 40 Wochen. Ein paar Jahre später kamen die ersten Blended Whiskys auf den Markt. Lassen wir zwei sich widersprechende Experten zu Wort kommen. James Hogg (1770–1830) meinte: »Wenn es einem Menschen gelingen würde, das richtige Verhältnis und Maß herauszufinden, das man täglich trinken sollte, und wenn sich dieser Mensch daran halten würde, ich sage Euch, er würde womöglich ewig leben und nie sterben.« Schon 100 Jahre davor hatte Martin Martin ganz im Gegensatz dazu vor der tödlichen Kraft des Skye Whisky gewarnt: »Zwei Löffel reichen aus. Sollte ein Mann aber diese Dosis überschreiten, sein Atem würde augenblicklich stocken und sein Leben bedroht sein.«

Whisky-Region Strathspey

Schottlands fünf Whisky-Regionen sind Lowland, Speyside, Highland, Campbeltown und Islay. Die anderen Inseln gelten nicht als Region, sondern gehören laut der Scotch Whisky Association zur Highland-Region. Die größte Zahl von Whisky-Brennereien findet man heute in Strathspey (oder Speyside). Fast die Hälfte aller schottischen Destillen stehen hier. Wer berühmte Sorten wie Glenlivet, Glenfiddich oder Cardhu sucht, der wird hier fündig. Autofahren empfiehlt sich für erfolgreiche Sucher jedoch nicht. Es fährt aber zwischen Aviemore und Broomhill auch die Strathspey Railway, die von Dampfloks gezogen wird. Die 16 Kilometer lange Strecke führt über Boat of Garten und ist der letzte Rest einer Trasse, die 1863 eröffnet wurde und als Transportweg zwischen den Brennereien diente.

DUFFTOWN WHISKY LINE

Dufftown hieß ursprünglich Morthlach, bis der 4. Earl of Fife, James Duff, im 19. Jahrhundert hierherzog und den Ort umbenannte. Dufftown liegt am Fluss Fiddich, der seinerseits durch das Glenfiddich fließt. In dem Städtchen am Scotland's Malt Whisky Trail wird mehr Malt Whisky gebrannt als in irgendeinem anderen schottischen Städtchen. Deswegen nennt sich Dufftown auch ein wenig unbescheiden »The Whisky Capital of the World«. Die Keith and Dufftown Railway ist eine Museumsbahn mit allem, was dazu gehört. Die heutige Strecke wurde 2000 wieder aufgenommen und ist 18 Kilometer lang. Die Linie heißt ganz offiziell schlicht »The Whisky Line«. Der Bahnhof liegt zwischen der Glenfiddich Distillery und der Balvenie Distillery. Die Besichtigung einer Brennerei und anschließende Fahrt mit der alten Bahn ist ein wichtiger Bestandteil einer Schottlandreise.

WEITERE INFORMATIONEN

www.dufftown.co.uk und
www.keith-dufftown-railway.co.uk

Ehemalige Fischerdörfer wie Crovie sind heute beliebte Ferienziele (oben). Die 1224 erbaute Kathedrale von Elgin wurde 1560 im Zuge der schottischen Reformation den Elementen preisgegeben (rechts).

41 Macbeths Triumph – von Elgin bis Crovie

Region der Umstürze und Reformen

Nördlich vom Cairngorms National Park liegt zehn Kilometer abseits der Küste die ehemalige Königsstadt Elgin. Dort tötete einst Macbeth den schottischen König Duncan I. Von der ursprünglichen Bedeutung der Stadt zeugt heute nur noch die Ruine einer imposanten Kathedrale aus dem frühen 13. Jahrhundert. Sie war einst Schottlands größtes Gotteshaus, fiel jedoch der Reformation zum Opfer.

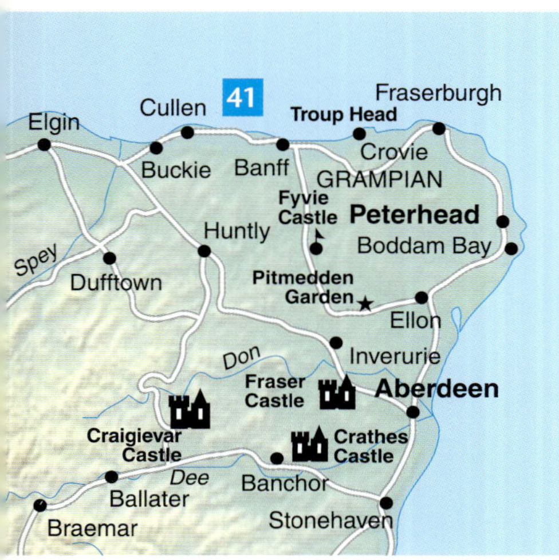

Die auf der flachen Hochebene von Moray gelegene Stadt Elgin wurde weithin bekannt, weil nicht weit von hier im Jahr 1040 König Macbeth in der Schlacht bei Elgin seinen Rivalen, König Duncan I tötete. Bereits 1136 wurde die Ortschaft von König David I zu einer Royal Burgh ernannt, und bis zur schottischen Reformation war die Stadt ein wichtiger Bischofssitz. Von Elgins einstiger Bedeutung zeugt die eindrucksvolle Ruine der mächtigen Kathedrale, einst Schottlands größte Kirche und ehrfürchtig Lantern of the North, »Laterne des Nordens«, genannt.

Könige und Bilderstürmer

Elgin war lange ein beliebtes Ziel schottischer Könige. David I, William I, Alexander II und Alexander III hielten sich hier häufig auf oder kamen zur Jagd in den königlichen Wäldern. Wahrscheinlich aber war die Stadt bei Monarchen so beliebt, weil sie so weit entfernt von den Borders, der Grenze zu England, lag. Aber auch englische Könige fanden Gefallen an Elgin. Edward I kam zweimal hierher und beschrieb den Ort als *»bon chastel et bonne ville«*, als »gute Burg und gute Stadt«.
Bei Elgins Bürgern wiederum war die neue Religion der presbyterianischen Covenanter beliebt, die im 16. Jahrhundert nach der Reformation eingeführt wurde. Diese verabscheute bekanntlich alles Dekorative und sorgte in Elgin dafür, dass auf Anordnung des Kronrats nicht nur Bilder, Gemälde und Kirchenfenster, sondern auch das Bleidach der Kathedrale entfernt

Portsoy ist ein malerisches Fischerdorf in Aberdeenshire mit pastellfarbenen Häuschen und drei Pubs (oben). Hering wird hier schon lange nicht mehr angelandet, aber Hummer ist auch sehr begehrt (unten). Der bizarr geformte »Fiedelbogenfelsen« steht an der Küste von Portknockie (oben).

wurde. Es sollte verkauft werden, um den Sold der Soldaten zu bezahlen. Das Schiff, mit dem das Blei nach Holland geschafft werden sollte, sank aber bereits im Hafen von Aberdeen. Dem Bildersturm der Covenanter wurde erst 1807 durch Joseph King ein Ende gesetzt, der eine Mauer um die Ruine der Kathedrale ziehen ließ, um zu verhindern, dass auch noch die letzten verbliebenen Steine abgetragen wurden. Dem Reichtum der Stadt hatte der Raubbau allerdings kaum etwas angetan. Die vielen kleinen Fischerdörfer am Moray Firth und an der Nordseeküste waren von den Auswüchsen der Reformation ohnehin verschont geblieben.

Faszination Findhorn

Das bekannteste dieser Dörfer war viele Jahre lang das nördlich von Forres gelegene Findhorn. 1962 gründeten dort Eileen und Peter Caddy eine Kommune – nichts herausragend Ungewöhnliches in jener Zeit, in der überall in Europa und Amerika Kommunen der unterschiedlichsten Art entstanden. Manche waren politisch, andere eher an »freier Liebe« interessiert. Aber Findhorn war anders.

Eileen Caddy war davon überzeugt, in direktem Kontakt zu Gott zu stehen und von diesem Anweisungen zu einer neuen Form des Zusammenlebens mit Menschen und der Natur zu erhalten. Ihre Kommune zog dutzende junge Menschen an und erwies sich ziemlich bald als sehr erfolgreich. Die Arbeit wurde geteilt, man lebte vegetarisch und verfolgte gleichzeitig auch ökonomisch vorausschauende Ideen. Die Kommune wurde im Lauf der Jahre immer größer, ihr Überleben durch geschäftstüchtige Strategien gesichert. Tatsächlich besteht sie bis heute, wenn sie auch inzwischen in eine Findhorn Foundation umfunktioniert wurde. Trotz etlicher Veränderungen konzentriert sich diese weiterhin auf die Kernbereiche Gemeinschaftsleben, Nachhaltigkeit und Spiritualität.

Neue Ideen brachte bereits in den 1930er-Jahren der aus Nazideutschland geflüchtete deutsche Reformpädagoge Kurt Hahn in die Region. 1933 gründete er nördlich von Elgin das Internat Gordonstoun, das heute zu den bekanntesten der Welt gehört und von zahlreichen Prominenten besucht wurde. Hier drückten unter anderem viele Mitglieder des britischen Königshauses die Schulbank, darunter auch Prinz Philip und der Thronfolger Prinz Charles. Kurt Hahn hatte 1920 zusammen mit Prinz Max von Baden das Internat Schule

Schloss Salem am Bodensee ins Leben gerufen und führte Gordonstoun nach denselben Prinzipien seiner ganzheitlichen Pädagogik. Anhänger der inzwischen in der ganzen Welt verbreiteten Round-Square-Philosophie sind davon überzeugt, dass Kinder und Jugendliche in der Schule nicht nur akademisches Wissen erwerben müssen. Für mindestens ebenso wichtig halten sie sportliche Fitness, soziale Verantwortung, tolerantes Denken und Weltoffenheit.

An der Küste von Burghead nach Crovie

Rund zwölf Kilometer nordwestlich von Elgin liegt Burghead auf einer kleinen Halbinsel am Moray Firth. Als das Städtchen zwischen 1805 und 1809 angelegt wurde, entdeckte man (wenn auch erst in letzter Minute), dass man am Standort eines ehemaligen piktischen Forts baute und die Hälfte bereits zerstört hatte. Zum Glück waren die wunderschönen Felsplatten mit Darstellungen von Stieren erhalten geblieben, die man bei den folgenden Ausgrabungen entdeckte. Diese »Burghead Bulls« befinden sich heute im British Museum in London. Das Hafenstädtchen macht einen adretten Eindruck, hat aber seine Glanzzeit eindeutig hinter sich. Im benachbarten Hopeman liegen keine Fischerboote mehr im Hafenbecken, sondern hauptsächlich Dinghis. In Lossiemouth sieht man Yachten, während der Hafen von Portgorden wie ausgestorben wirkt. Buckie bietet einen Golfplatz. Es ist nicht der einzige Ort am Meer, der sich auf eine neue Besuchergruppe konzentriert. Fast jedes zweite Dorf oder Städtchen an diesem Küstenabschnitt scheint mit einem Golfplatz sowie Campingplatz für Wohnwagen aufzuwarten. Von der Fischerei lebt hier so gut wie niemand mehr. Weiter östlich schmiegt sich Crovie in einer einzigen Häuserreihe eng an die Steilküste. Wer das Dorf besuchen möchte, muss oben auf der Hochebene parken. Crovie wurde von *crofter*-Familien gegründet, die von ihrem Land vertrieben worden waren. Hier gingen sie zunächst mit den Booten des Großgrundbesitzers auf Fang. Im Lauf der Jahre konnten sie sich selbstständig machen, bis sie Jahrzehnte später ein weiterer Schicksalsschlag ereilte. Nicht nur ging es mit dem Fischfang stark bergab, 1953 schwemmte ein gewaltiger Sturm mehrere Häuser hinweg. Die meisten Bewohner mussten fliehen. Trotzdem ging Crovie nicht verloren. Zwar leben viele der ursprünglichen Bürger inzwischen weiter landeinwärts. Ihre Cottages in Crovie aber wurden vor einigen Jahren zu Ferienhäusern umfunktioniert.

ST JOHN'S CHURCH

Gardenstown ist östlich von Banff gelegen. Das kleine Küstendorf lebt hauptsächlich von der Fischerei. Auf dem Hochplateau oberhalb von Gardenstown hatten 2014 Einwohner mit einer Motorsense in riesigen Lettern das Wort »YES« in eine Wiese geschnitten. Sie wollten damit bekunden, dass sie für ein unabhängiges Schottland stimmen würden. Auf dem Plateau steht auch die Ruine einer hübschen Kirche. 1004 hatten dänische Belagerer in der Gamrie Bucht Anker geworfen und auf dem Gebiet, wo heute die Ruine steht, Position bezogen. Der Anführer der Schotten versprach, er werde eine Kapelle bauen, sollte es ihnen gelingen, die Dänen zu schlagen. Er hielt sein Versprechen. Da in die Wand der Kapelle die Schädel von drei dänischen Anführern eingelassen wurden, heißt sie auch »The Church Of The Sculls«, die »Kirche der Schädel«.

WEITERE INFORMATIONEN

www.discovergardenstown.co.uk

Die Küste von Aberdeenshire bietet Gelegenheit für ausgedehnte Spaziergänge, zum Beispiel auf dem Wandertrail von Auchenmithie zur Lunan Bay (oben). Im Hafen von Stonehaven liegen heute die Segelboote der Besucher (rechts).

42 Öl und Kultur – Aberdeen und Umgebung

Von Stonehaven zur Lunan Bay

Schon lange leben die meisten Dörfer an der schottischen Küste nicht mehr vom Fischfang. Ihre malerischen Häuser aber sind geblieben und dienen jetzt als Touristen-Attraktionen. Vom schottischen Ölboom profitiert hingegen das für seine Universität berühmte Aberdeen. Die »Oil Capital of Europe« ist Schottlands größte Stadt an der Nordseeküste.

Die Borders und die Highlands and Islands faszinieren Besucher aus verschiedenen Gründen. Dort beeindrucken die raue, zum Teil unwirtliche Landschaft, hört man ungewöhnliche Sprachen, trifft auf uralte Traditionen und Zeugnisse einer dramatischen Vergangenheit – Relikte von Kelten, irischen Missionaren und blutrünstigen Wikingern. Und nicht zuletzt locken die Whisky Trails.

Die silberne Stadt der Blumen

Aber auch die Nordseeküste hat Reizvolles zu bieten. Einen Besuch wert ist sicherlich die zwischen den Flüssen Dee und Don gelegene Universitätsstadt Aberdeen, deren Häuser aus Granit bei Sonnenschein silbern glitzern. Aberdeen ist deshalb die Silver City, es ist aber auch die Flower City, schließlich haben ihre Blumenanlagen schon zehn Mal den Britain-in-Bloom-Preis gewonnen. Seit Anfang der 1970er-Jahre wird in der Nordsee nach Öl gebohrt, seitdem nennt sich die Stadt auch »Oil Capital of Europe«. Von hier werden die Offshore-Bohrinseln versorgt, die inzwischen neuen Wohlstand in die Stadt gebracht haben.

Das Gebiet rund um die Mündung von Dee und Don ist bereits seit über 8000 Jahren besiedelt. In der Vergangenheit haben hier immer wieder neue Gewerbe dominiert. Jahrzehntelang florierte beispielsweise die Papier- und Textilindustrie in Aberdeen und selbstverständlich auch die Fischerei. Papier und Stoffe werden hier aber seit Anfang des 21. Jahrhunderts nicht mehr hergestellt, und die Hochseefischerei ist längst nach Peterhead und Fraserburgh abgewandert.

Stonehaven und Dunnottar Castle

Den Fischern von Stonehaven dagegen gingen die Heringe schon viel früher aus. Bereits 1939 war dieser Industriezweig nur noch ein Schatten seiner selbst. Dafür hat das Städtchen einen wunderschönen, geschützten Hafen, der seetüchtige Yachten anlockt. Hier befindet sich auch das Stonehaven Tolbooth, das »Rathaus« aus dem späten 16. Jahrhundert. Es erfüllte ursprünglich die Funktion eines Gerichtsgebäudes und später eines Gefängnisses. Historisch ist es interessant, weil hier drei Priester der schottischen Episkopalkirche eingekerkert waren. Sie hatten Gottesdienste für mehr als neun Personen abgehalten. Das war Mitte des 18. Jahrhunderts nicht erlaubt. Heute ist das Gebäude ein Museum.

Einer der bedeutendsten Söhne dieses winzigen Ortes war zweifellos Lord Reith, der 1922 zum ersten Director General der BBC ernannt wurde. Er ist bis heute berühmt für seine Definition der Aufgaben einer Anstalt des öffentlichen Rechts: Bildung, Information und Unterhaltung. Stonehaven konzentriert sich inzwischen primär auf Tourismus. Der Hafen ist ohne Zweifel mit seinen Pubs ein gemütliches Eckchen. Aber viel bedeutender ist eine der meistfotografierten Burgruinen Schottlands, Dunnottar Castle, auf steilen Klippen hoch über der Nordsee.

Ein schottischer Traumstrand

Gut 40 Kilometer südlich von Dunnottar Castle lockt in der herrlichen Bucht Lunan Bay ein drei Kilometer langer Sandstrand. Dieser wurde im Jahr 2000 zu Schottlands schönstem Strand gekürt. Angeblich sollen bereits die Wikinger an der Bucht Gefallen gefunden haben – vermutlich jedoch nur, um im Jahr 1010 von hier aus gen Dundee zu marschieren. Allerdings wurden sie auf dem Weg dorthin vom Heer von König Malcom II zurückgeschlagen. Heute kommen in der Lunan Bay Urlauber und Ornithologen auf ihre Kosten. Letztere können hier in aller Ruhe seltene Vogelarten wie den Raubwürger, den Neuntöter oder Raufußbussard beobachten, deren Namen allein schon an die Wikinger-Präsenz in der Gegend zu erinnern scheinen. Lohnend sind hier aber auch Strandspaziergänge nach einem Sturm, weil dann im Sand gelegentlich glitzernde Achate auftauchen.

ARBROATH ABBEY

Arbroath Abbey war zu ihrer Blütezeit das reichste Kloster Schottlands, und selbst ihre Ruine ist noch immer eindrucksvoll. Die Abtei wurde ab 1178 im Auftrag von König William the Lion erbaut und 1197 dem heiligen Thomas Becket geweiht. 1320 spielte die Abtei eine bedeutende Rolle bei der Declaration of Arbroath. Diese schottische Unabhängigkeitserklärung von England wurde im Kloster unterschrieben und Papst Johannes XXII. zugesandt. In der Deklaration wurde unter anderem betont, dass die Unabhängigkeit Schottlands wichtiger sei als die Person des schottischen Königs. Man wäre nur so lange auf seiner Seite, wie er die Unabhängigkeitsbestrebungen unterstütze. Es folgte dann das Statement: »… denn solange auch nur einhundert von uns am Leben bleiben, wird man uns niemals, zu welchen Bedingungen auch immer, unter englische Herrschaft zwingen. Denn wir kämpfen nicht für Ruhm, nicht für Reichtümer oder Ehren, sondern wir kämpfen einzig für die Freiheit, die kein ehrenhafter Mann aufgibt, wenn nicht zugleich mit seinem Leben.«

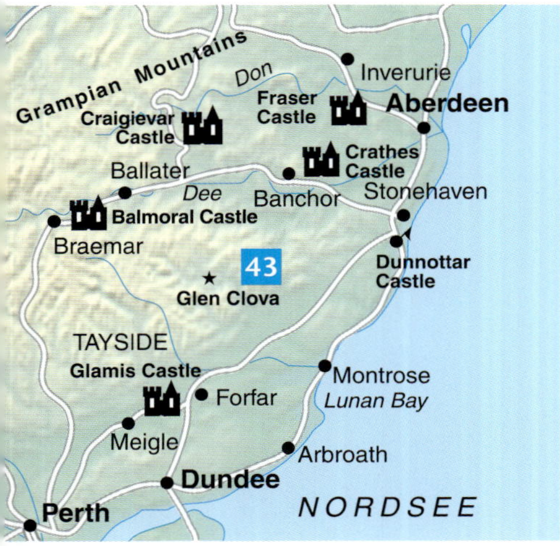

43 Nicht nur Rinder – in der Grafschaft Angus

Camis und Glen Clova

Die Ortschaft Glamis kennt man in der ganzen Welt, denn in Shakespeares Drama *Macbeth* war die Hauptperson der Thane von Glamis. Der heutige Schlossherr von Glamis ist der 18. Earl of Strathmore and Kinghorne. Das über 600 Jahre alte mächtige Glamis Castle steht stolz in einem wunderschönen Park, der allein schon einen Besuch wert ist.

»Heil dir, Macbeth, Heil, heil dir, Than von Glamis
Heil dir, Macbeth, Heil, Heil dir, Than von Cawdor!
Heil dir, Macbeth, dir, künft'gem König, Heil!«
Die Heilrufe der Hexen zu Beginn von Shakespeares Drama »Macbeth« sind Theaterfans natürlich wohlbekannt. Sie gelten Macbeth, dem Than oder Schlossherrn von Glamis, dem Fürsten von Cawdor, dem späteren Anwärter auf den schottischen Thron. Historisch stimmt das zwar nicht ganz, aber kein Shakespeare-Freund würde jemals darüber grübeln, ob der echte King Macbeth tatsächlich irgenwann einmal auf Glamis lebte. Hat er nicht, aber das Schloss spielte trotzdem in der Geschichte Schottlands eine wichtige Rolle.

Bei Queen Mum zu Hause

Glamis Castle liegt ungefähr einen Kilometer nördlich der Ortschaft Glamis. Das Schloss ist über 600 Jahre alt, wurde aber natürlich ständig umgebaut und erweitert. Der erste Eindruck dürfte auch Mary, *Queen of Scots,* überwältigt haben, die hier im Jahr 1562 mit ihrer Entourage Station machte. Der mächtige Turm in der Mitte stammt aus dem Jahr 1435, im 17. Jahrhundert kamen der Westflügel und eine Kapelle hinzu. Damals wurde das Schloss im Stil eines französischen Chateau erweitert. Gegen Ende des 18. Jahrhunderts erhielt der berühmteste englische Landschaftsarchitekt Capability Brown den Auftrag, den Park neu zu gestalten. Im ausgehenden 19. Jahrhundert kehrte man allerdings an vielen Stellen zum

Im Cairngorms-Nationalpark fügen sich die kleinen Bauernhäuser perfekt in die Landschaft ein (unten). Ganz anders wirkt dagegen ein wuchtiger Steinklotz wie Glamis Castle (rechts).

französischen und italienischen Gartenstil zurück. Es kann, wie die meisten Schlösser, besichtigt werden, gehört aber nicht dem National Trust for Scotland, sondern dem 18. Earl of Strathmore and Kinghorne und seiner Frau, der Countess. Die Mutter der jetzigen Queen stammte aus dieser Familie, die Queen Mum hieß mit bürgerlichem Namen Bowes-Lyon.

In den Glens von Angus

Glamis liegt in der Grafschaft Angus, die im Norden an Aberdeenshire grenzt und im Süden an Fife. Die landschaftlich abwechslungsreiche Region ist im Norden und Westen gebirgig und sehr, sehr spärlich besiedelt. Im hügeligen Süden und Westen leben mehr Menschen, liegen größere Ortschaften und mit Dundee sogar eine richtige Stadt. Aus Angus stammen die bekannten Rinder, die in den Steak-Restaurants der Welt so beliebt sind.

Wem all dies zu viel ist, dem sei eine Wanderung in einem der sechs Glens von Angus empfohlen. Eines der schönsten ist Glen Cova, das sich von Dykehead im Norden bis zum Fluss South Esk beim Glen Doll erstreckt. Das Tal eignet sich für leichte Spaziergänge genauso gut wie für anstrengende Kletterpartien zum Gipfel des 836 Meter hohen Snub. Zum wunderschön gelegenen Loch Brandy sind die Wege gut ausgezeichnet. Das ist eher eine Seltenheit, da ja große Landstriche Schottlands in Privatbesitz sind. Vom Loch hat man einen Panoramablick von fast 180 Grad. Auf der einen Seite des Lochs erstrecken sich die Hügel um den Snub ziemlich steil in den See, ansonsten aber reicht der Blick in weite Ferne. Etwas sollte man wissen, wenn man Ausflüge in entlegene Gebiete Schottlands macht. »Entlegen« kann hier selbst bei zugänglichen Gebieten wirklich genau das bedeuten. Meilenweit keine Ansiedlung, meilenweit kein Bauernhäuschen. Die Straßen sind in sehr vielen Fällen einspurig und weisen in regelmäßigen Abständen Ausweisbuchten auf. Wie überall in Schottland gilt auch hier: Lieber höflich Platz machen, als der Erste am Ziel sein! Wer wandert, darf sich nicht vom sanften Anblick der Hügel verführen lassen. Der Weg ist oft anstrengender als man vermutet. Und auch die Übernachtung sollte eingeplant sein. Bed & Breakfast-Pensionen gibt es nicht überall.

BRAEMAR

Unweit der schottischen Residenz Balmoral liegt der kleine Ort Braemar. Hier finden an jedem ersten Samstag im September die wichtigsten Highland Games statt. Eine Gelegenheit, nicht nur Schotten bei ihren wilden Spielen und grazilen Tänzen zuzusehen, sondern auch die königliche Familie mal ganz aus der Nähe zu inspizieren. Die Braemar Games sind heute die wichtigsten Spiele im gesellschaftlichen Kalender Schottlands. Das Ereignis heißt deshalb auch The Gathering of The Braemar Royal Highland Society. Die Männer der königlichen Familie tragen selbstverständlich Kilt und Sporran. Wahrscheinlich ist sich die Queen auch der Rolle bewusst, die ihr deutscher Vorfahre, der junge Prinz Albert, als Gemahl von Königin Victoria dabei gespielt hat, das schottische Brauchtum, vor allem aber das Tragen des Kilts, wieder salonfähig zu machen. Königin Victoria liebte Balmoral, und Prinz Albert war von der Highland-Kultur begeistert.

WEITERE INFORMATIONEN

The Gathering of The Braemar Royal Highland Society:
www.braemargathering.com

Nicht alle Fischerdörfer an Schottlands Küsten haben den Übergang zu einer neuen Identität so gut gemeistert wie Pittenween (oben). Die Kathedrale von St Andrews in Fife wurde 1158 gebaut und im 16. Jahrhundert mit dem Verbot der katholischen Messe ihrem Schicksal überlassen (rechts).

44 Einst ein Königreich – die Halbinsel Fife

Beim heiligen Andreas der Golfer

Aus aller Welt reisen Golfspieler auf die hübsche Halbinsel Fife zu den berühmten Golfplätzen von St Andrews. Darüber hinaus kann man hier an der drittältesten Universität der englischsprachigen Welt studieren. Auch Thronanwärter Prince William war hier Student und hat dabei auch gleich noch seine Kate kennengelernt. Doch auch jenseits von Golf und Uni ist die hübsche Halbinsel Fife einen Besuch wert.

Zwischen dem Firth of Forth und dem Firth of Tay liegt die Grafschaft Fife, die manchmal auch von Einheimischen das »Königreich Fife« genannt wird. Hier befand sich einmal eines der wichtigsten piktischen Königreiche. Warum ausgerechnet die Pikten mehrere Königreiche hatten, ist leicht zu verstehen, wenn man sich vor Augen führt, dass es bei ihnen eigentlich sieben Unter-Königreiche gab. Eines von diesen war Fife.

Königlich angebandelt

Heute ist Fife rund um den Globus vor allem für die Stadt St Andrews mit ihrer Universität und den weltberühmten Golfplätzen bekannt. Der britische Thronanwärter Prinz William, Duke of Cambridge und Kate Middleton, jetzt Catherine, Duchess of Cambridge, haben sich während ihres Studiums in St Andrews kennen und lieben gelernt. Aber auch Alex Salmond, bis 2014 First Minister of Scotland und Verfechter der schottischen Unabhängigkeit, hat dort studiert. St Andrews ist nach Oxford und Cambridge die älteste Universität der englischsprachigen Welt. 1410 gründeten Augustinermönche hier eine Hochschule, die 1413 in den Stand einer Universität erhoben wurde.

Es wird gegolft

Aber Fife kann auch mit Fischerdörfern aufwarten. Die Region East Neuk of Fife, wörtlich übersetzt, die Ostecke von Fife, liegt am Firth of Forth und reicht von Kingsbarns über Crail bis St Monans und Elie. Kingsbarns ist ein

Hauptanziehungspunkt für Surfer und Golfspieler. Bereits 1793 wurde die Kingsbarns Golfing Society gegründet, der heutige Golfplatz im Jahr 2000. Auch für das Dörfchen Elie spielt der Fischfang schon lange keine Rolle mehr. Zusammen mit dem Schwesterdorf Earlsferry verlässt man sich auch hier auf Golfspieler und Touristen, die heute in den Ferien die kleinen pastellfarbenen Fischerhäuser mieten. Der Fischereihafen stammt aus dem 16. Jahrhundert, inzwischen legen hier vor allem Segelyachten an. Manchmal wird an einem der Strände *beach cricket* gespielt. Auch wenn man die Regeln nicht versteht, lohnt sich das Zuschauen trotzdem, vor allem, wenn man sich vorher im Pub »The Ship Inn« ein Bier geholt hat. Von hier aus hat man außerdem einen herrlichen Blick auf Hafen, Bucht und Strand.

Auf dem Coastal Path

Von Elie führt der traumhaft schöne Küstenwanderweg The Coastal Path über St Monans zu einem Hafenstädtchen mit dem netten Namen Pittenween. Unterwegs entdeckt man zwei Burgruinen, viele interessante Felsbecken, bei St Monans eine restaurierte Windmühle und in beiden Städtchen sehr hübsche geschützte Häfen.

Der schottische Sänger und Dichter John Watt erinnert in einem Lied an die Zeiten, als in Pittenween noch Heringe angelandet wurden:

»I'm goin' wi' a lassie fae Pittenweem,
She's every fisher laddie's dream.
She guts the herrin' doon by the quay,
And saves her kisses just for me.
Well, last July it come tae pass
I met this bonnie fisher lass,
Wi' her e'en sae blue, and black was her hair.
I met her doon by the village fair.
Oh, Pittenweem, Pittenweem,
She's every fisher laddie's dream.
She guts the herrin' doon by the quay,
And saves her kisses just for me.«

»Ich gehe aus mit einer Maid aus Pittenweem. Sie ist der Traum eines jeden Fischerjungen. Sie nimmt die Heringe am Kai aus. Und hebt ihre Küsse für mich auf.
Im vergangenen Juli traf ich diese hübsche Fischermaid. Ihre Augen so blau, ihr Haar so schwarz. Beim Dorffest erblickte ich sie.
Oh Pittenweem, oh Pittenweem. Sie ist der Traum eines jeden Fischerjungen. Sie nimmt die Heringe am Kai aus. Und hebt ihre Küsse für mich auf.«

GOLF IN ST ANDREWS

Im März 2014 fiel eine der letzten Bastionen männlicher Exklusivität. Der Royal & Ancient Golf Club of St Andrews teilte mit, die 260 Jahre alte Regel fallen zu lassen, wonach nur Männer als Mitglieder zugelassen werden. Das Komitee sei für eine Änderung der Statuten, hieß es in einer Erklärung. Man habe alle 2400 Mitglieder angeschrieben und ihnen empfohlen, die Reformen zu unterstützen. Der Royal & Ancient (kurz R&A) veranstaltet nicht nur die British Open, sondern legt auch die Regeln für Golf fest (außerhalb den USA und Mexiko). International ist St Andrews als Golflegende bekannt, und der Royal & Ancient wurde 1754 als einer der ersten Golfclubs der Welt gegründet. Auf den Greens oder St Andrews Links dürfen aber auch Nicht-Mitglieder spielen. Der Golftourismus zählt zu den Haupteinnahmequellen der Stadt, doch St Andrews hat mehr als nur Golf zu bieten. Die hiesige Elite-Universität ist die älteste Schottlands und nach Oxford und Cambridge die älteste des Vereinigten Königreichs.

WEITERE INFORMATIONEN

www.standrews.com

Viele Bürger von Fraserburgh fragen sich, ob die Fischerboote eines Tages komplett verschwinden werden (oben).

45 Noch wird gefischt – Fraserburgh

Schottlands erster Festlands-Leuchtturm

An Schottlands langer, zerklüfteter Küste mit den zahllosen vorgelagerten Inseln spielen Leuchttürme eine große Rolle. Die meisten werden heute allerdings von Edinburgh aus gesteuert. Die alten Bauwerke dienen dagegen oft als Ferienhäuser oder Museen, so auch das Kinnaird Head Lighthouse.

Fraserburgh ist einer der wenigen großen Fischereihäfen im Vereinigten Königreich, die als solche überlebt haben. Anfang des 16. Jahrhunderts kaufte eine Familie Fraser das Land. 1546 wurde hier der erste Hafen angelegt, und um 1570 ließen die Frasers auch eine Burg bauen. Sogar eine Universität gab es einst in Fraserburgh. Bedeutung erlangte der Ort aber erst, als die Burg 1791 zu einem Leuchtturm umfunktioniert wurde. Kinnaird Head Lighthouse war damit Schottlands erster Leuchtturm auf dem Festland. Er ist heute Teil des Museum of Scottish Lighthouses und immer noch in Betrieb, wenn auch wie alle anderen schottischen Leuchttürme von Edinburgh aus gesteuert. Besucher bestaunen hier technisches Gerät sowie die Wohnbereiche der Leuchtturmwärter, in denen unter anderem eine herrliche alte Vitrine mit eingebauter Radio- und Grammofonkombination steht.

Zu sehen ist aber auch der merkwürdige Winetower, ein steinerner Quader mit kleinen Fenstern und einer Treppe, die auf halber Höhe zu einer Tür führt. Dieser drei Stockwerke hohe »Weinturm« wurde wohl im 16. Jahrhundert gebaut und diente als Vorratskammer. Man kann die Kammern nur durch die Tür auf halber Höhe betreten. In der daruntergelegenen Höhle soll die Fraser-Familie einst den Freund einer Tochter eingesperrt haben, der darin ertrank. Die Tochter stürzte sich daraufhin vor Kummer vom Winetower auf die Felsen, die rote Farbe auf den Steinen symbolisiert noch heute ihr Blut. Und da es auf den Britischen Inseln selten ohne Geister geht, soll es selbstverständlich auch im Winetower spuken.

Der Leuchtturm von Boddam erinnert daran, dass die schottische Küste für jeden Kapitän eine Herausforderung darstellt (oben).

46 Still standing – Boddam

Leuchtfeuer für die gefährliche Küste

Der spektakuläre Leuchtturm des Fischerdorfs Boddam wurde erst 1825 gebaut, als immer weniger Boote den gefährlichen Hafen anlaufen wollten. Ist auch der Fischfang inzwischen zurückgegangen und die Eisenbahntrasse abgebaut, so leuchtet doch wenigstens der Turm noch weiter.

Vor der Küste versank ein Schiff und alle Mann an Bord ertranken. Nur ein Affe überlebte, der auf den Mast geklettert war. Die Leute von Boddam hängten ihn auf. Die Einwohner des kleinen Fischerdorfs Boddam an der Küste von Aberdeenshire konnten nur dann eine Schiffsladung beanspruchen, wenn alle an Bord umgekommen waren – also auch Affen.

Im 16. Jahrhundert ließen die Keiths hier eine Burg bauen, aber erst 1831 wurde ein Hafenbecken angelegt. Bis dahin mussten die Fangschiffe an Land gezogen werden. Im Lauf der Jahre nahm der Fischfang stark zu, vor allem profitierte davon jedoch das etwas nördlich gelegene Peterhead. So viele Schiffe versanken vor der Küste von Boddam, dass 1825 ein Leuchtturm vor dem Städtchen mit zwei roten Streifen errichtet wurde, der auf der Nordsee schon von Weitem zu sehen ist. 1897 wurde der Ort auch ans Schienennetz angeschlossen. Und heute? Boddams Fischereiindustrie ist nur mehr ein Schatten ihrer selbst, die Burg eine Ruine, die Eisenbahntrasse schon seit 1950 zum größten Teil entfernt. Verschwunden ist zudem die Meereshöhle Bullers of Buchan, die Richtung Süden nicht weit von Boddam entfernt gelegen war. Die Öffnung zur See hin ist zwar noch vorhanden, doch ist das Dach der Höhle eingestürzt. Diese neue Sehenswürdigkeit in Boddam entdeckt man auf einem schönen Spaziergang entlang der Steilküste. Wer weiter marschiert, erreicht unter anderem die Schlossruine Slains Castle, die den Schriftsteller Bram Stoker angeblich zu seinem ersten Dracula-Roman inspirierte.

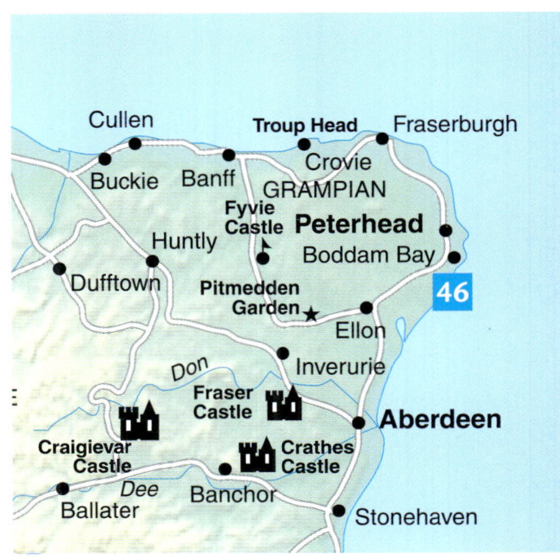

Orkney- und Shetland-Inseln

Wildes Land

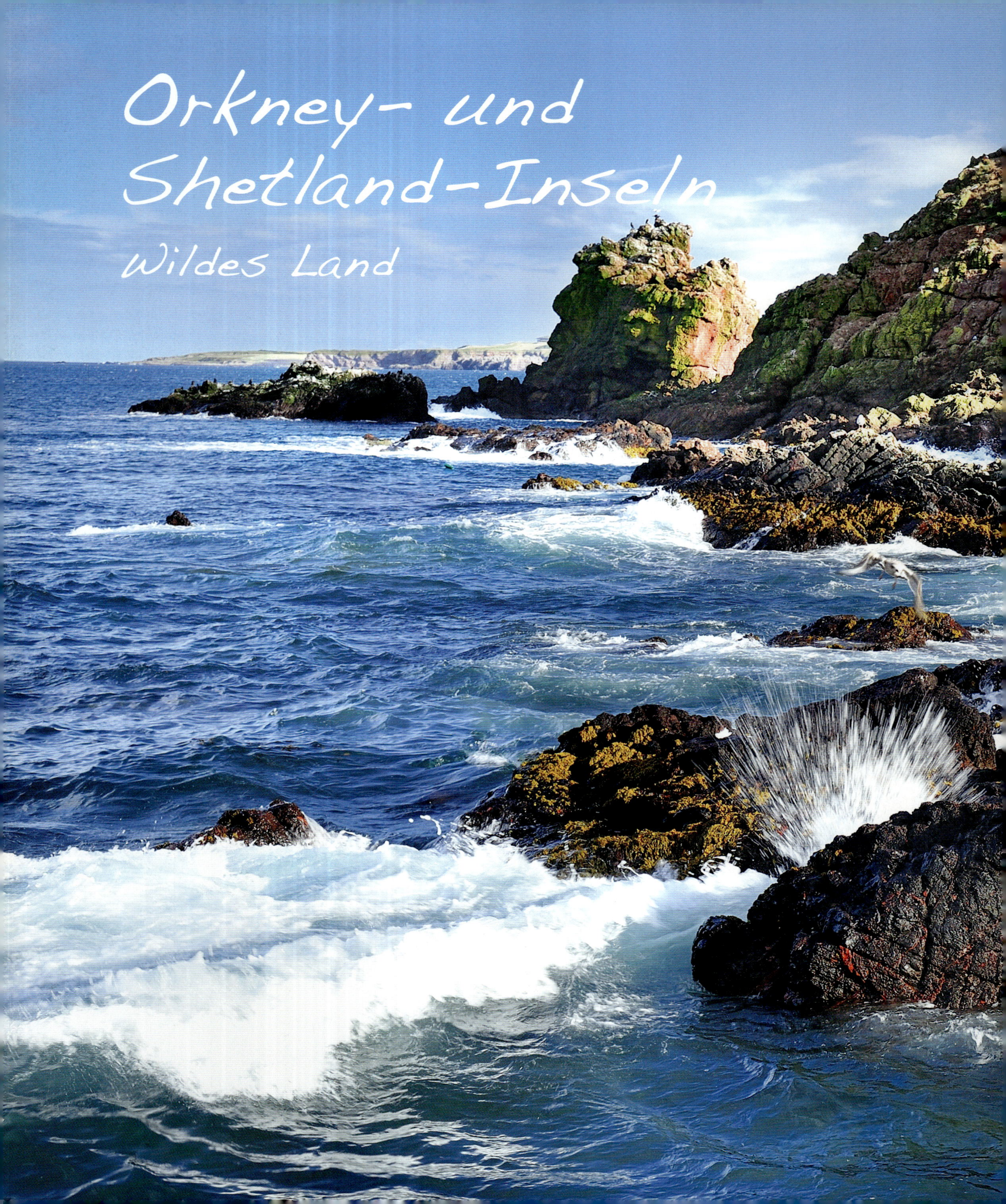

In Schottlands äußerstem Norden locken die Shetlands mit rauer Natur, archäologischen Attraktionen, saftigen Wiesen und freundlichen Menschen (links). Ein Bier mit dem Namen »Schädelspalter« ist nichts für zartbesaitete Gemüter (oben). Die Steilküsten der Inseln im Norden sind wahre Paradiese für Tölpel (unten).

Der Steinkreis Ring of Brodgar auf der Orkney-Insel Mainland hat einen größeren Durchmesser als Stonehenge (links). Die gewaltige St Magnus Cathedral ist der größte Stolz der Orkneys (rechts).

47 Nahe fremde Welt – die Orkney-Inseln

Schottisch-Skandinavien

Orkney liegt in Sichtweite des schottischen Festlands, und doch bilden die Inseln des Archipels eine Welt für sich. Rund 70 Inseln umfasst die Gruppe, von denen nur 20 bewohnt sind. Der Archipel im hohen Norden wirkt eher skandinavisch und ist ein Mekka für alle, die sich für Frühgeschichte interessieren. Doch auch sonst sind die einsamen Orkney-Inseln einen Besuch wert.

Hoch oben im Norden liegen zwei sturmgepeitschte Inselgruppen, die sich völlig von den Highlands und den Western Isles unterscheiden. Die beiden Archipele wirken ganz und gar nicht schottisch, was sich aus ihrer Geschichte erklärt. Immerhin gehörten die Orkney- und die Shetland-Inseln 600 Jahre lang zu Norwegen. Die Orkney-Inseln wurden 875 von den Norwegern annektiert und 1472 von den Schotten wieder zurückerobert, als die Norweger versäumten, die Mitgift für die Braut von James III, Margaret von Dänemark, zu zahlen.
Das skandinavische Erbe der Inseln ist überall leicht zu erkennen, sei es beispielsweise an der St.-Magnus-Kathedrale aus dem 12. Jahrhundert in Orkneys Hauptstadt Kirkwall oder am jährlichen Wikingerfest Up-Helly-Aa. Dieses wird alljährlich am letzten Dienstag im Januar in Lerwick gefeiert, der Hauptstadt der Shetlands.

Von Mainland nach Hoy

Die rund 70 Orkney-Inseln liegen nur 16 Kilometer von der Küste entfernt, gleichsam im Windschatten des schottischen Festlands, und sind von dort bei gutem Wetter auch zu sehen. Dennoch waren die rauen Inseln stets so abgeschieden, dass ihre Bewohner eine eigene Identität enwickelten und sich eigentlich gar nicht zu Schottland zugehörig fühlen. Insgesamt leben circa 21 000 Menschen auf 20 Inseln verstreut, allein 9000 davon in der Hauptstadt Kirkwall auf Mainland.

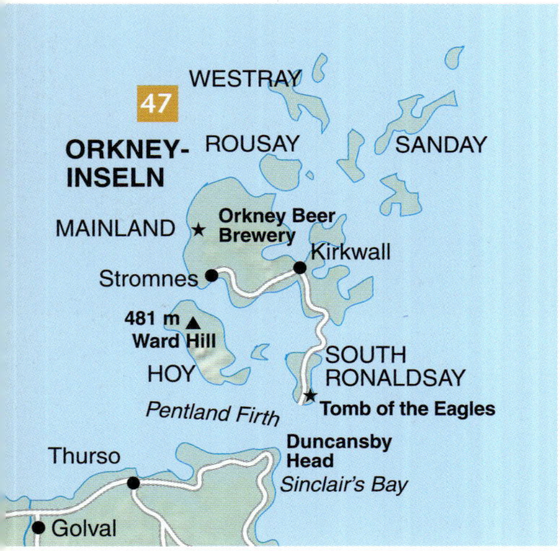

Der Brandungspfeiler Yesnabi Castle ragt vor der Nordküste der Insel Mainland im Meer auf (oben). Die putzigen Papageitaucher zaubern ein Lächeln auf jedes Gesicht (unten). Skara Brae gehört zu Europas bedeutendsten archäologischen Stätten aus der Jungsteinzeit (rechts).

Mainland ist die größte und somit die Hauptinsel des Archipels. Auch bei Umfragen hat die Insel die Nase vorn: 2014 wurde sie von einer Reise-Webseite zur viertbesten Insel Europas und zur zweitbesten in Großbritannien gewählt. Mainland weiß auch zu überraschen, etwa mit der St Magnus Cathedral in Kirkwall, die zusammen mit der Kathedrale von Glasgow zu Schottlands schönsten gotischen Kathedralen zählt. Rund 300 Jahre dauerten die Bauarbeiten für das Gotteshaus. Noch immer eindrucksvoll ist auch die Ruine des wuchtigen Earl's Palace nahe der Kathedrale. Die Burg, deren Baustil stark von der französischen Renaissance beeinflusst ist, wird allgemein zu den schönsten Bauwerken der schottischen Renaissance gezählt. Der Earl of Orkney war jedoch ein selbst für schottische Verhältnisse unakzeptabler Tyrann. Zusammen mit seinem ebenso grausamen Sohn wurde er 1614 in Edinburgh zu Tode verurteilt und hingerichtet.

Auf Mainland liegt zudem mit Stromness auch die zweitgrößte Stadt der Orkneys. Etwas über 2000 Einwohner leben in dem hübschen Hafenstädtchen, dessen enge Straßen von den typischen grauen Steinhäusern der Insel gesäumt werden. Das älteste Haus im Ort war dem Vernehmen nach ein Wirtshaus, das schon 1580 eine Lizenz erhielt.

Ist Mainland die größte Insel, so ist die »Hohe Insel« Hoy sicherlich die interessanteste. Hier erhebt sich mit dem 479 Meter hohen Ward Hill der höchste Berg der Inselgruppe, und ihre über 400 Meter hohen steilen Klippen erinnern eher an die Highlands als an die eigentlich doch recht flachen Orkneys. Vor der Steilküste ragt der Old Man of Hoy knapp 140 Meter aus dem Meer wie ein Schornstein aus der Brandung heraus.

Wikinger-Graffiti im neolithischen Maeshowe

Die Orkneys sind ein beliebtes Ziel für norwegische Besucher, die hier die einmaligen Ausgrabungen ihrer Wikingervorfahren bewundern. Auf den Inseln findet man jedoch noch andere faszinierende Stätten, deren Geschichte erheblich weiter zurückgeht. Auf Mainland beispielsweise liegt die riesige jungsteinzeitliche Grabanlage Maeshowe, die zum UNESCO-Welterbe »The Heart of Neolithic Orkney« gehört. Interessanterweise gibt es Megalithanlagen dieses Typs nur auf den Orkneys. Maeshowe war vermutlich das Grab einer sehr mächtigen Person. Die Hauptkammer ist auf

den Sonnenuntergang am Tag der Wintersonnenwende ausgerichtet. Im 12. Jahrhundert brachen Wikinger auf der Suche nach Schätzen in das Grab ein. Sie müssen wohl etwas gefunden haben, was sie als besonders wertvoll betrachteten und brauchten mehrere Tage, um den Schatz zu bergen. Allerdings können uns weder Archäologen noch Historiker sagen, worum es sich dabei handelte. Die Nordländer benutzten die Grabanlage später als Unterschlupf vor dem Regen und hinterließen darin eine der größten Sammlungen von Runen-Graffiti, die jemals entdeckt wurden. Zur großen Freude der Wissenschaftler hinterließen die Wikinger in Maeshowe Botschaften, die weit über die üblichen formelhaften Anmerkungen hinausgehen, und verwendeten bei ihrer Nachrichtenübermittlung alle drei bekannten Runenschriften. Dies machte es erst möglich, eine dieser Schriften zu entziffern.

Ring of Brodgar und Skara Brae

Auf Mainland zeugen zahlreiche *standing stones* (Menhire) von der frühen Besiedlung der Insel. Besonders eindrucksvoll ist der Ring of Brodgar am Ufer des Loch of Harray. Von den ursprünglich wohl 60 Steinen des rund 5000 Jahre alten Steinkreises sind nur noch 27 erhalten, doch übt die Anlage auf einer kleinen Anhöhe von ihrem erhöhten Standpunkt über der Ebene noch immer eine große Wirkung auf Besucher aus.

Die faszinierende steinzeitliche Hinterlassenschaft ist jedoch sicherlich Skara Brae an der Westküste von Mainland. Als »Europas am vollständigsten erhaltene jungsteinzeitliche Siedlung« gehört es heute zum Weltkulturerbe der UNESCO und war wohl schon von den Dünen bedroht, als es noch von Bauern bewohnt war. Archäologen datieren die Siedlung auf die Zeit zwischen 3110 und 2500 v. Chr. Danach lag Skara Brae Jahrtausende unter Sand begraben, bis es 1850 bei einem besonders starken Sturm zum Teil freigelegt wurde.

Etwas ungewöhnlich und vor allem neueren Datums ist die Italian Chapel auf der Insel Lamb Holm. Dort waren während des Zweiten Weltkriegs italienische Kriegsgefangene interniert, die die Kapelle aus zwei Nissenhütten erbauten und eine Fassade mit dorischen Säulen davorsetzten. Die Innenausstattung wurde zu einem großen Teil von Domenico Chiocchetti gestaltet. Nach dem Krieg kam er in den 1960er-Jahren noch einmal auf Einladung der Bewohner auf die Orkneys, um die inzwischen ziemlich verfallene Kapelle zu restaurieren.

DIE GRABSTÄTTE DER ADLER

Ronald Simison entdeckte im Jahr 1958 auf seinem Acker einen *cairn*, wie die Hügel von Megalithanlagen genannt werden. Er fand drei Äxte, einen Keulenkopf, ein Messer aus Kalkstein und einen Knopf. 1976 fing er selbst an, die Grabstätte freizulegen, da den Archäologen die finanziellen Mittel fehlten. Dabei stieß er auf eine Grabkammer mit Nebenkammern. Die Hauptkammer ist durch Steinplatten in fünf Abteile geteilt und hat zusätzlich zwei Endkammern. Die Seitenzellen auf der Westseite sind intakt. In der Anlage fand Simison die Überreste von 338 Menschen sowie Knochen und Krallen von Seeadlern. Deshalb wird die Stätte, die eigentlich Isbister Chambered Cairn heißt, auch *Tomb of the Eagles* (Grabstätte der Adler) genannt. Mr Simison unterhält heute ein kleines Museum.

WEITERE INFORMATIONEN

Tomb of the Eagles: Liddle St Margaret's Hope, Orkney, KW17 2RW, Tel. +44 (0)1856 631 339

Die Nordsee vor dem verlockenden Strand der St Ninian's Isle ist eiskalt (oben). Scalloway Castle wurde 1600 auf der Shetland-Insel Mainland für den verhassten 2. Earl of Orkney erbaut (rechts).

48 Energiereich – die Shetland-Inseln

Von Schottland weit entfernt

Großbritanniens nördlichste Inselgruppe liegt näher bei Bergen als bei Edinburgh, und von Lerwick auf Shetland Mainland ist man schneller am Polarkreis als in London. Ungeachtet dessen leben auf den Shetland-Inseln schon seit Jahrtausenden Menschen. Die berühmteste prähistorische Anlage des Archipels ist die Stätte Jarlshof auf Mainland, die Ende des 19. Jahrhunderts entdeckt wurde.

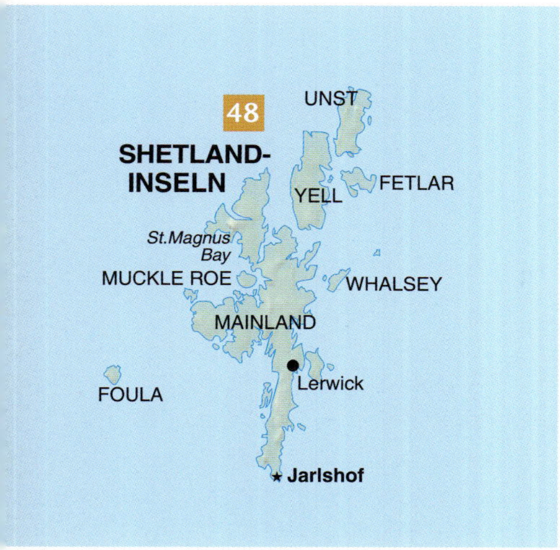

Rund 100 Inseln gehören zu den Shetlands, und nur 16 davon sind besiedelt. Knapp über 23 000 Menschen leben auf den Inseln im hohen Norden, und gern weisen sie darauf hin, dass die nächstgelegene Großstadt nicht in Schottland liegt, sondern das norwegische Bergen ist. Die Nähe zu Skandinavien – oder besser die Entfernung zu Schottland – zeigte sich auch bei Umfragen vor der Unabhängigkeitsabstimmung im September 2014. Die Shetlands, meinten viele ihrer Bewohner, sind doch ziemlich weit entfernt nicht nur von London, sondern auch Edinburgh. Immer wieder hörte man Stimmen, die darauf verwiesen, dass sich viele Inselbewohner kulturell eher mit Norwegen und Dänemark verbunden fühlen als mit Schottland. Die Geografie gibt ihnen natürlich recht: Herma Ness ist zwar der nördlichste Punkt Großbritanniens. Aber hier ist man gut 350 Kilometer von John o'Groats auf dem schottischen Festland entfernt und über 1600 Kilometer von Lands End in Cornwall.

Wirtschaftlicher Aufschwung

Die letzte Volkszählung ergab 2011, dass die Bevölkerung seit 2009 um rund 1000 Menschen gestiegen war. Dies zeigt, dass in letzter Zeit immer mehr Städter aus England und Schottland auf die Inseln ziehen, weil sie sich nach einem Leben sehnen, wie es nur hier geboten wird: freie Natur, frische Luft, gesunde Umwelt. Die Neu-Ansiedler kommen aber auch, weil es mit der Wirtschaft des Archipels

Der rund 2000 Jahre alte Broch of Clickhimin ist ein imposanter Turm aus der Eisenzeit (oben). Das Shetlandpony hat viel Ähnlichkeit mit den Inselbewohnern: robust, stur, ausdauernd – und sehr liebenswürdig (unten). Die Steilklippen von Eshaness schützen die Halbinsel Northmavine vor der See (rechts).

bergauf geht und im Sektor Erneuerbare Energien ständig neue Arbeitsplätze entstehen.
Die große Veränderung trat auf den Shetland-Inseln bereits Mitte der 1970-Jahre ein. Bis dahin war Sullom Voe nicht mehr als ein Ortsname in einer öden, wenn auch faszinierenden Landschaft. Als jedoch 1969 Öl in der Nordsee entdeckt wurde, begann man in Sullom Voe mit dem Bau eines Ölterminals.

Der 1979 funktionsfähige und 1983 fertiggestellte Ölterminal ist der größte Europas und wird heute von der ehemals staatlichen britischen Ölgesellschaft British Petroleum – BP – betrieben.
Viel ist inzwischen darüber gestritten worden, ob das Nordseeöl für die Shetlands ein Segen oder Fluch war. Sicherlich hat es den Bewohnern unverhofften Wohlstand gebracht. Gleichzeitig aber bedroht gerade dieser natürlich die traditionellen Werte einer früher abgeschlossenen Gemeinschaft. Auch althergebrachte Berufe stehen in Gefahr, für immer zu verschwinden, während globale Entwicklungen immer mehr Einfluss gewinnen. Allerdings hatten die Shetlands trotz ihrer Abgeschiedenheit schon immer zahlreiche Kontakte zur Welt. So bahnte sich schon Anfang des 15. Jahrhunderts eine enge Verbindung zur deutschen Hanse an. Die deutschen Händler kauften Schiffsladungen mit gesalzenem Fisch, Wolle und Butter und verkauften ihrerseits Salz, Stoffe und Bier an die Inselbewohner. Dieser Handel florierte bis zum Act of Union 1707, als es mit der Wirtschaft Shetlands steil bergab ging.

Neue Wege im Naturtourismus

Seit einigen Jahren floriert die Wirtschaft der Inseln jedoch nicht zuletzt wieder, seitdem man gezielt auch auf den Tourismus setzt. Die Einheimischen haben erkannt, dass ihre Inseln gerade mit ihrer Abgeschiedenheit und ihrer ursprünglichen Natur eine gewaltige Anziehung ausüben. Als Attraktion gelten unter anderem die Naturschutzgebiete der Königlichen Vogelschutzgesellschaft. Hier lassen sich auch an der unwirtlichen Nordsee viele, viele Vogelarten nieder. Ornithologen überschlagen sich vor Begeisterung angesichts der putzigen Papageitaucher, Sturmschwalben, Sterntaucher, Basstölpel, Großen Raubmöwen oder Schwarzbrauenalbatrosse und Schneegänse, die sie auf den Shetlands entdecken können. Aber auch Pferdefreunde kommen hier auf ihre Kosten. Wer kennt nicht die berühmten Shet-

landponys, die sich mit einer Maximalhöhe von 107 Zentimetern ideal für Kinder eignen und gleichzeitig auch noch sehr hübsch aussehen?

Klassische Pullover und Wikingerfasching

Auch die zierliche Hauptfigur aus der beliebten dänischen TV-Serie *Kommissarin Lund – Das Verbrechen* trug: die weltbekannten Shetland-Pullover. Die Pullover mit den bandartigen Mustern werden auch *Fair Isle sweaters* genannt. Die 90 Kilometer südlich von Lerwick gelegene Fair Isle heißt im Volksmund auch die »Insel der Vögel und Pullover«, weil sie eine wichtige Station für Zugvögel ist und die berühmten zweifarbigen Strickpullover mit dem typischen Bandmuster von hier stammen.
69 Einwohner leben hier, erreichbar ist die Fair Isle drei Mal in der Woche per Fähre. *Weather permitting, of course.*
Seit 1881 feiern die Inselbewohner im Januar den Up-Helly-Aa-Tag. Dessen Ursprung liegt in dem altgermanischen Brauch, das Julfest am 5. Januar zu begehen. 24 Tage später feierte man damals die Wintersonnenwende mit dem Verbrennen von Teerfässern. Das ist schon seit Langem untersagt, das Feiern selbst aber natürlich nicht. Noch heute beherrschen deshalb am letzten Dienstag im Januar Wikinger das Stadtbild von Lerwick. Das Fest hat inzwischen jedoch zunehmend Ähnlichkeit mit Karneval angenommen. Der »Karnevalsprinz« ist der Jarl, der Fürst. Die einzelnen Gruppen suchen sich ein Motiv aus, das nicht einmal etwas mit der nordischen Vergangenheit zu tun haben muss. Doch die kommt dann wieder klar beim eigentlichen Höhepunkt des Wintersonnenfestes zum Ausdruck: Dann nämlich setzen die Umzugsteilnehmer mit ihren Fackeln ein Langschiff in Brand und erinnern damit an die alte nordische Tradition, ihre toten Jarls auf einem brennenden Langschiff nach Walhalla zu schicken. Die Verbrennung des Up-Helly-Aa-Langschiffs findet heute allerdings auf dem Sportplatz King George V am nördlichen Stadtrand statt. Das erschwert dem Jarl vielleicht den Weg nach Walhalla, macht die Sache aber für Besucher des Spektakels einfacher. Schlechtes Wetter war übrigens noch nie ein Grund, das Fest abzusagen. Egal, ob es auf den Inseln stürmt oder schneit, ihre Bewohner sind (meistens jedenfalls) fröhlich, ausgelassen, hilfsbereit und optimistisch. Zu keiner Zeit zeigt sich dies stärker als eben beim jährlichen Up-Helly-Aa-Fest, wenn sie sich symbolisch vom Winter verabschieden und die Rückkehr der Sonne begrüßen.

DAS SHETLAND TEXTILE MUSEUM IM BÖD OF GREMISTA

Am Nordrand von Lerwick hat in Gremista ein unscheinbares *böd* – ein Fischerhaus – Bedeutung nicht nur für die Shetland-Inseln, sondern für das ganze Vereinigte Königreich. In dem 1780 erbauten Haus wurde 1792 Arthur Anderson geboren. Er war 1830 einer der Mitbegründer der Peninsular Steam Navigation Company, die vielen Besuchern der Britischen Inseln als P&O bekannt ist. Als Anderson 1868 in London starb, unterhielt die P&O (nun die Peninsular and Oriental Steam Navigation Company) die größte Flotte von Post- und Passagierdampfern in der Welt. Das Haus wurde 1970 renoviert und 1987 als Museum eröffnet. Außerdem befindet sich hier seit 2010 das Shetland Textile Working Museum, das unter anderem Strickwaren vom 19. Jahrhundert bis heute zeigt.

WEITERE INFORMATIONEN

Böd of Gremista: Lerwick,
Tel. +44 (0)1595 694 486;
www.shetlandtextilemuseum.com

Der Erfolg der Orkney Brewery beweist, dass auch hoch oben im Norden gutes Bier gebraut wird.

49 Starke Biere – die Orkney Brewery

Es muss nicht immer Whisky sein

Selbst die kleinste Inselgruppe kann sich ihre eigene Brauerei leisten. Seit 1988 überzeugt die winzige Orkney Brewery in Quoyloo mit ihren Bieren und lockt Besucher mit Führungen und einem kleinen Restaurant.

Wer an Alkohol und Schottland denkt, dem fällt natürlich eher Whisky als Bier ein. Immerhin produzieren hier mindestens 130 Brennereien einen Single Malt. Aber in Schottland wird tatsächlich auch Bier gebraut, unter anderem in kleinen traditionellen Privatbrauereien, die hervorragende Biere produzieren – beispielsweise im wunderschönen Traquair House im Tal des Tweed. Dessen Besitzer, Peter Maxwell Stuart, entdeckte in den 1960er-Jahren, dass zu seinem Herrenhaus schon im 18. Jahrhundert eine Brauerei gehört hatte. 1965 begann er, mit den alten Geräten Bier zu brauen. Inzwischen führt seine Tochter Catherine Haus und Brauerei weiter.

Noch exklusiver geht es auf den Orkneys in einer ehemaligen Dorfschule in Quoyloo unweit von Stromness zu. Die winzige Orkney Brewery wurde 1988 gegründet und 2006 von Norman Sinclair übernommen. Dieser hatte zuvor bereits ein Hotel in Fort William und ein Pub in der Nähe von Inverness geführt, ist ein Orcadian (so heißen die Bewohner der Orkneys) und jetzt also in die Heimat zurückgekehrt. Seine Biersorten haben beinharte Namen. Der Skull Splitter beispielsweise heißt nach Thorfinn Torf-Einarsson. Der siebte Wikinger-Graf der Orkneys erwarb sich Ende des 10. Jahrhunderts den hübschen Beinamen der Schädelknacker. Andere Biere der Orkney Brewery heißen Dragonhead (Drachenkopf), Raven Ale (Raben-Ale) oder Dark Island (Düstere Insel).

Wer nach dem Schädelknacker wieder einen klaren Kopf bekommen möchte, besichtigt am besten das nahe Skara Brae. Die bedeutendste jungsteinzeitliche Siedlung auf den Orkney-Inseln liegt nur 1,5 Kilometer von der Brauerei entfernt.

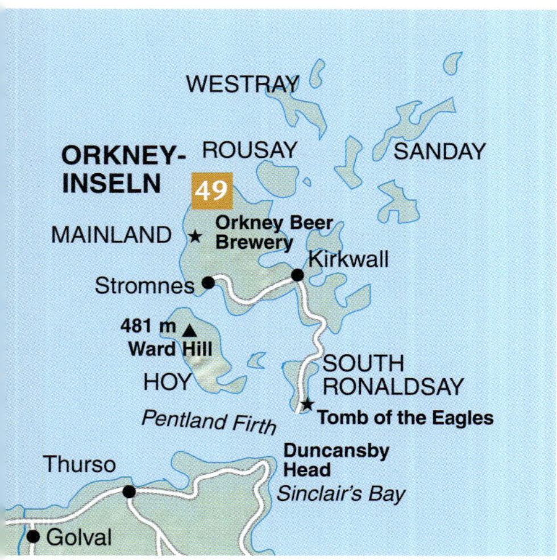

50 Reizvolles Nichts – Muckle Roe

Wem die Hauptinsel der Shetland-Inseln zu aufregend ist, für den gibt es ganz ruhige Inseln zum Ausspannen.

Auf der großen roten Insel

Die Shetlands sind so kompakt, dass man leicht interessante Tagesausflüge zu den »entlegenen« Teilen der Inseln unternehmen kann. Als lohnendes Ziel bieten sich beispielsweise die »Shetland-Highlands« auf der Insel Muckle Roe an.

Auch die Shetland-Inseln haben ihre Highlands. Dazu gehört zum Beispiel die Insel Muckle Roe, auf der nur rund 130 Menschen leben. Wie die Perlen einer Kette reihen sich ihre kleinen Gehöfte entlang der Küste im Südosten auf. Die recht kleine Insel ist fast kreisrund und über eine Brücke mit der Hauptinsel Mainland verbunden. Die erste Brücke wurde 1905 über den schmalen Sund gebaut. Sie sorgte dafür, dass der Bevölkerungsschwund zurückging. Dieses Problem hat Muckle Roe mit den Highlands gemein: die ständige Abwanderung der Bewohner, die ihre Heimat entweder erzwungen oder auf der Suche nach Arbeit verlassen. 1851 wohnten hier noch 290 Personen, heute weniger als die Hälfte.
Der Reiz von Muckle Roe besteht vor allem darin, dass die Insel außer 18 Quadratkilometer Einsamkeit eigentlich nichts zu bieten hat. Mit dem Auto kann man nur einen Teil befahren, weil sich der Rest in Privatbesitz befindet. Als Wanderer darf man aber auch dieses Gebiet erkunden, für Outdoor-Freunde ein Genuss.
Die höchste Erhebung von Muckle Roe ist 172 Meter hoch. Außerdem gibt es hier einen erloschenen Vulkan, von dem die Insel ihren Namen hat: Muckle Roe bedeutet auf Altnordisch »Große rote Insel«. Besonders eindrucksvoll ist der wilde Teil der Insel – eine von Lochans durchzogene Moorlandschaft. Man kann es sich auch bequem machen und die Insel mit einem Boot umrunden, die roten Felsklippen bewundern und, wenn man Glück hat, Seehunde und Robben, Schweinswale oder Delfine beobachten. Erwischt man einen besonders guten Tag, schwimmen vielleicht sogar Orcas vorbei oder ein schrecklich aussehender, aber harmloser Riesenhai.

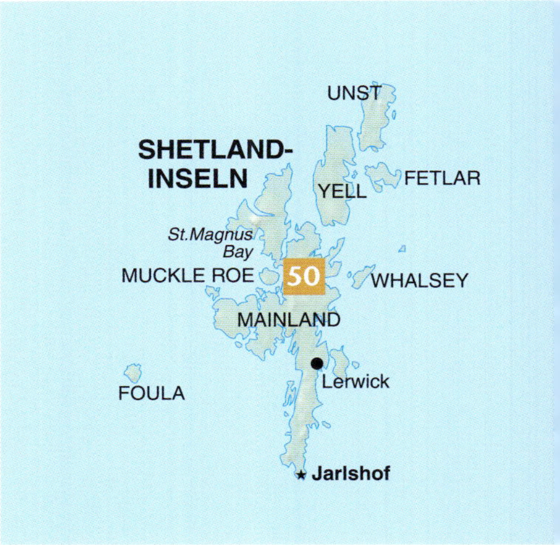

Das verlassene Raunoch-Moor, eine kaum berührte Naturlandschaft, ist von Bergen umgeben und lädt zum Träumen ein.

Register

Malerisch stürzt das Wasser auf den Shetlands über die Eshaness Cliffs ins Meer.
Das Shetland Sheep gehört zu den kleinsten britischen Schafrassen.
Die großen Ketten haben die kleinen Geschäfte noch nicht verdrängt.
Isle of Whithorn ist eines der südlichsten Dörfer Schottlands.
Auch Wein wird in Schottland gern getrunken.
Hummer und Krebse gehören zu den schottischen Delikatessen (v.l.n.r.).

Die Küste bei Eshaness auf den Shetland-Inseln bietet einen mystischen Ausblick.

Impressum

Verantwortlich: Joachim Hellmuth, Franziska Sorgenfrei
Redaktion: Barbara Rusch, München
Layout, Bildredaktion: VerlagsService Gaby Herbrecht, Mindelheim
Korrektorat: Anke Höhne, München
Repro: Repro Ludwig, Zell am See
Kartografie: Astrid Fischer-Leitl, München
Herstellung: Bettina Schippel, Barbara Uhlig
Printed in Italy by Printer Trento

★★★★★

Sind Sie mit diesem Titel zufrieden? Dann würden wir uns über Ihre Weiterempfehlung freuen.
Erzählen Sie es im Freundeskreis, berichten Sie Ihrem Buchhändler, oder bewerten Sie bei Onlinekauf.
Und wenn Sie Kritik, Korrekturen Aktualisierungen haben, freuen wir uns über Ihre Nachricht an Bruckmann Verlag,
Postfach 40 02 09, D-80702 München oder per E-Mail an
lektorat@verlagshaus.de.

Unser komplettes Programm finden Sie unter

www.bruckmann.de

Alle Angaben dieses Werkes wurden von den Autoren sorgfältig recherchiert und auf den neuesten Stand gebracht sowie vom Verlag geprüft.
Für die Richtigkeit der Angaben kann jedoch keine Haftung übernommen werden.

Bildnachweis
Umschlagvorderseite:
Oben: Standing Stones of Callanish (Lewis)
Mitte: Castle Stalker (Argyll)
Unten: Aussicht auf Edinburgh vom Calton Hill
Umschlagrückseite oben von links nach rechts: Dudelsackspielerin in Edinburgh, Grampian Mountains, Halbinsel Waternish
Umschlagrückseite unten: Findochty (Moray)
Umschlagklappe vorne: Queensferry Bridge (West Lothian)
Umschlagklappe hinten: Dryburgh Abbey (Scottish Borders)
Vorsatz: Cruach Tairbeirt (Argyll)
Hintersatz: Loch Linnhe (West Highlands)
Seite 5: Dudelsackspieler in Edinburgh
Seite 6/7: Dunnottar Castle (Aberdeenshire)
Seite 10: Restaurant und Luxushotel The Witchery (Edinburgh)

Alle Abbildungen des Umschlags und des Innenteils stammen von Petra Woebke, außer:
Bildagentur Huber, Garmisch-Partenkirchen: Umschlag vorne unten (Cozzi Guido), S. 22 u. (Borchi Massimo), S. 44 o. (Carassale Matteo); Shutterstock: S. 8 zweites v. links (JASPERIMAGE), S. 39 (Kevin Eaves), S. 44 u. (DrimaFilm), S. 45 u. (meunierd), S. 84 (Mark Medcalf), S. 93 o. (Mikadun), S. 143 u. (JASPERIMAGE)

Die Deutsche Nationalbibliothek verzeichnet diese Publikation in der Deutschen Nationalbibliografie; detaillierte bibliografische Daten sind im Internet über http://dnb.d-nb.de abrufbar.

ISBN 978-3-7654-8224-3

In gleicher Reihe erschienen ...

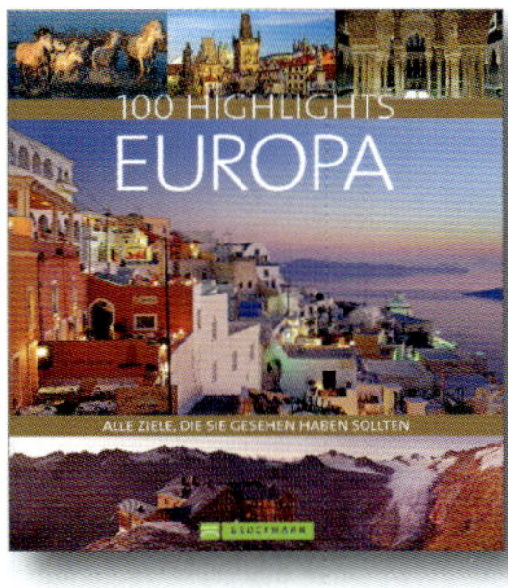

ISBN 978-3-7343-0146-9

ISBN 978-3-7343-0332-6

ISBN 978-3-7654-8374-5

ISBN 978-3-7654-8783-5

ISBN 978-3-7654-8224-3

ISBN 978-3-7654-5214-7

Highlights Andalusien
978-3-7654-5599-5

Highlights Barcelona
978-3-7654-8222-9

Highlights Bayern
978-3-7654-6777-6

Highlights Berlin
978-3-7654-5871-2

Highlights Brasilien
978-3-7654-6121-7

Highlights Chile · Argentinien
978-3-7654-6031-9

Highlights China
978-3-7654-4830-0

Highlights Deutschland
978-3-7654-6794-3

Highlights Dresden
978-3-7654-6776-9

Highlights Englands Süden
978-3-7654-5597-1

Highlights Frankreich
978-3-7654-5368-7

Highlights Gardasee
978-3-7654-6772-1

Highlights Hamburg
978-3-7654-5831-6

Highlights Israel
978-3-7654-5598-8

Highlights Istanbul
978-3-7654-6180-4

Highlights Japan
978-3-7654-6495-9

Highlights Kanada
978-3-7654-4760-0

Highlights Karibik
978-3-7654-4869-0

Highlights Kuba
978-3-7654-5596-4

Highlights London
978-3-7654-5835-4

Highlights Mallorca
978-3-7654-5465-3

Highlights Namibia
978-3-7654-6026-5

Highlights Neuseeland
978-3-7654-4750-1

Highlights New York
978-3-7654-5751-7

Highlights Norwegen
978-3-7654-4827-0

Highlights Oman & Dubai
978-3-7654-6032-6

Highlights Paris
978-3-7654-5753-1

Highlights Peru
978-3-7654-5436-3

Highlights Portugal
978-3-7654-5533-9

Highlights Rom
978-3-7654-5752-4

Highlights Russland
978-3-7654-5600-8

Highlights Schweden
978-3-7654-4973-4

Highlights Schweiz
978-3-7654-5872-9

Highlights Sizilien
978-3-7654-5880-4

Highlights Skandinavien
978-3-7654-6119-4

Highlights Südtirol
978-3-7654-6775-2

Highlights Sylt
978-3-7654-6179-8

Highlights Thailand
978-3-7654-5863-7

Highlights Toskana
978-3-7654-5843-9

100 Highlights Kanada
978-3-7654-8780-4

100 Highlights USA
978-3-7654-8227-4

Highlights USA
Der Westen
978-3-7654-5758-6

Highlights Vietnam
978-3-7654-5144-7

Highlights Die Welt
978-3-7654-6120-0

Welterbe – Deutschland,
Österreich, Schweiz
978-3-7654-8402-5

BRUCKMANN
www.bruckmann.de